AF360962

La Bienheureuse
Jeanne-Antide Thouret

Fondatrice de la Congrégation

DES

SŒURS DE LA CHARITÉ

DE BESANÇON ET DE NAPLES

L'ENFANT - LA JEUNE FILLE

(1765 - 1788)

PAR

le P. Paul BERNARD

DE LA COMPAGNIE DE JÉSUS

BESANÇON

MAISON DES SŒURS DE LA CHARITÉ

131, Grande-Rue, 131

1926

La Bienheureuse

Jeanne - Antide Thouret

L'ENFANT - LA JEUNE FILLE

DÉCLARATION

La Bienheureuse Jeanne-Antide Thouret

(Portrait authentique)

Reproduit d'après une miniature découverte à Besançon le 12 février 1918, jour de l'ouverture solennelle du procès bisontin en vue de la béatification.

La Bienheureuse Jeanne-Antide Thouret

Fondatrice de la Congrégation

DES

SŒURS DE LA CHARITÉ

DE BESANÇON ET DE NAPLES

L'ENFANT - LA JEUNE FILLE

(1765 - 1788)

PAR

le P. Paul BERNARD

DE LA COMPAGNIE DE JÉSUS

BESANÇON

MAISON DES SŒURS DE LA CHARITÉ

131, Grande-Rue, 131

1926

A LA MÉMOIRE

DE MA SŒUR BIEN AIMÉE

EN RELIGION SŒUR MARIE-SIMPLICIEN

AME ARDENTE ET GÉNÉREUSE

VRAIE ET DIGNE FILLE

DE LA BIENHEUREUSE JEANNE-ANTIDE THOURÉT

(1860 - 1925)

———

Avec ma tendre affection
que la séparation n'atteint point.

———

AVANT-PROPOS

Caritas patiens est,
benigna est.

II Cor. xii, 4.

*Rien de beau, rien de grand ne se fait sans la cha-
rité. C'est le soleil des âmes. Partout où elle rayonne,
elle répand la lumière, la chaleur, la vie. Elle sème
le monde de ses bienfaits, elle l'inonde de ses splendeurs.
Plus haut que toutes les sciences et toutes les philoso-
phies, plus haut que le génie même des arts et de la
poésie, elle resplendit aux profondeurs du ciel. Et
son éclat est doux. Il n'éblouit ni ne brûle; il réconforte et il réjouit. Sa douceur voile sa force. Mais sa
puissance est infinie, car son foyer s'allume, intaris-
sable source de bénédictions et de prodiges, au cœur
même de la divinité.*

*Flamme substantielle de l'Esprit, qui unit le Père
et le Fils dans la Trinité des personnes, elle jaillit, vivante, incandescente, au cœur des hommes pour les unir
tous en Dieu et à Dieu. Voilà pourquoi, centre ardent
de toute sainteté, une comme son divin principe et*

comme lui éternelle, elle est la vie de toutes les œuvres, l'âme de toutes les vertus. Rien ne vaut que par elle; mais ce qu'elle édifie et couronne dure éternellement.

A cette divine lumière qui l'illumine du dehors, qui la transfigure du dedans, reconnaissons la souriante et douce physionomie, vaillante aussi entre les vaillantes, de la Bienheureuse Jeanne-Antide; et c'est à ces hauteurs qu'il faut se mettre pour l'admirer, car elle est toute charité, charité pure : mais d'abord pour la comprendre, car elle ne fut pas toujours comprise.

Délicieuse enfant, jeune fille incomparable, religieuse d'une perfection achevée, elle ne fait que le bien, ne respire que le bien, ne trouve sa joie, son délassement que dans l'œuvre du bien. Toute sa vie n'est que dévouement, héroïque dévouement, et sa mort sera plus féconde encore que sa vie, car elle laisse après elle pour perpétuer son action, dans l'Institut des Sœurs de la Charité, sous la protection de saint Vincent de Paul, d'admirables héritières des pensées de son cœur, filles dignes de leur mère.

Or, qui tiendra compte de tout ce qu'elle a fait pour le bien de son pays ? De lâches persécutions l'assaillent, de mesquines jalousies la harcèlent, de hideuses calomnies la poursuivent, de sots préjugés se dressent qui entraveront son œuvre et qui auront la vie dure. Rien ne lui aura été épargné, à cette femme magnanime, de ce qui blesse, de ce qui peine, de ce qui humilie, de ce qui fait souffrir et pleurer même les âmes fortes, de ce qui les tue à petit feu, jusqu'au jour où, pour se débarrasser brusquement d'une importune et lui ravir son œuvre, l'âme de sa vie, elle reçoit le coup de poignard en plein cœur...

C'est la récompense des saints, celle-là, qu'ils ont toujours eue, qu'ils auront toujours, la marque authentique du divin. Leur lot n'est-il pas, à l'exemple du Maître, de souffrir persécution pour la justice? Sur terre, il faut payer le bien qu'on fait ; l'heure de la gloire, comme celle du repos, ne sonne pour eux que dans le ciel.

Mais cette heure est venue. La Franche-Comté s'ébranle. Les pèlerinages se succèdent. La dévotion ne fait que croître. Les prières s'élèvent. Les grâces descendent. Les cantiques retentissent, cantiques de fête dans l'harmonie des cœurs. Et sur nos autels, rayonnante, bénissante, la Bienheureuse Jeanne-Antide reçoit des siens ces émouvants hommages qui ne s'arrêteront plus.

C'est l'heure de Dieu. C'est la réparation du passé.

Pour elle, ah ! il y a longtemps qu'elle a pardonné !... Filles de la Comté, vous qui lui tenez surtout à cœur, vous à qui elle a donné sa vie, ses travaux, ses peines, ses luttes, sa souffrance, le meilleur et le plus pur d'elle-même, tout ce qu'on peut donner, à vous principalement de lui rendre l'hommage qui lui convient entre tous, le culte en esprit et en vérité qui est dans l'imitation de ses vertus. Son œuvre est immense, inachevée, toujours grandissante. A vous de l'étendre encore, de la parachever, de faire pour votre part, chacune selon ses moyens, le bien qu'elle a fait — chez elle à son foyer, — autour d'elle dans sa paroisse, parmi les pauvres, les malades, les enfants, les jeunes filles, — dans le cloître, si cette grâce d'élection vous échoit.

Quelle que soit la destinée que la Providence vous réserve, elle est votre modèle resplendissant et attirant. Quelles que soient les perspectives incertaines ou précises, voilées de brume ou ensoleillées d'espérance, qui s'ouvrent dès maintenant sur votre avenir, elle est votre protectrice attitrée et votre guide fidèle, toujours là pour vous aider et vous encourager, vous préserver et ranimer votre élan, vous tirer de tout ennui comme de tout mauvais pas, vous initier au secret du bonheur et vous **transfigurer** aussi. Il y a tant de choses de sa vie qu'il ne tient qu'à vous de faire passer dans la vôtre ! Il n'est rien que vous ne puissiez imiter à des degrés divers.

Alors serait réalisé le rêve de sœur Jeanne-Antide en sa petite école de la rue des Martelots, et son cher pays retrouverait infailliblement ce qu'elle voulait lui rendre en formant des jeunes filles chrétiennes, à savoir les vieilles traditions de foi et de piété en quoi reposaient sa force, son honneur, et qui faisaient le charme des beaux jours d'autrefois.

Puissent ces humbles pages, écrites spécialement pour vous, non comme une histoire, mais — en attendant l'histoire — comme un croquis léger où se dessinera pourtant, je l'espère, la physionomie de la Bienheureuse telle qu'elle ressort d'une étude approfondie des documents, vous apprendre en quelque manières *au gré des traits choisis, à mieux connaître cette admirable servante de Dieu et à la mieux aimer, à vous inspirer surtout de son grand cœur étincelant de charité.*

Paris, ce 24 août 1926,

Au centenaire de la Bienheureuse Jeanne-Antide Thouret.

LA BIENHEUREUSE JEANNE-ANTIDE THOURET

PREMIÈRE ENFANCE

Gloire très pure de notre Franche-Comté, enfant radieuse de nos montagnes vraiment suscitée de Dieu pour réparer au milieu des siens les ruines de la Révolution et, par ses œuvres d'enseignement et de charité, étendre ou raffermir le règne du Christ dans le monde, Jeanne-Antide Thouret naquit au petit village de Sancey-le-Long, du bailliage de Baume, dans le diocèse de Besançon, le 27 novembre 1765.

Humble et pauvre était sa famille, mais fière d'un long passé d'honneur et riche de Dieu. On retrouve le nom de Thouret ou Thoret, dans les archives du pays, à Orve, d'où la souche paraît originaire, vers les dernières années du xvie siècle. En 1620, un Laurent Thoret, d'Orve, reçoit le droit de bourgeoisie en la ville de Clerval pour la somme de 83 livres 4 grains. Exception d'ailleurs isolée; toute la lignée des Thouret reste une lignée de paysans fermement attachée à la terre, tirant sa laborieuse subsistance du travail de la charrue et de la houe.

Ce qui ne l'empêchait point de prospérer. Apparemment, les bénédictions bibliques réservées aux patriarches s'étaient étendues sur la famille Thouret, car on la voit, refoulée par le nombre, gagner de proche en proche Sancey-le-Grand, Sancey-le-Long et autres lieux circonvoisins. En 1754, Jean-François Thouret, âgé de vingt-quatre ans, fils de Claude Thouret et de Marie Serdet, achetait de ses économies, dans la partie haute de Sancey-le-Long, sur les bords de la Baume, une importante maison composée de deux corps de logis, d'une vaste grange, d'écuries spacieuses, de remises. Marié le 28 janvier 1755 à une jeune fille sans fortune et de mince santé, mais d'exemplaire conduite, Jeanne-Claude Labbe, d'Anteuil, il vient s'y établir aussitôt avec sa jeune femme, sa sœur Odile, de son nom familier Oudette, son frère Nicolas, vigoureux adolescent, et quelques domestiques attachés à l'exploitation rurale.

C'est la maison natale de la Bienheureuse, aujourd'hui vouée à la vénération et à la piété publique, centre de lointains et émouvants pèlerinages, reliquaire des plus précieux souvenirs. Maison rustique en dépit des armoiries qui surmontent au dehors la porte d'entrée, elle n'a pas eu à souffrir des injures du temps. Si son toit de chaume a disparu, elle garde non seulement sa structure, mais son aspect d'autrefois. On retrouve même dans la grande cuisine, sous l'ample manteau de la cheminée, la curieuse plaque de foyer portant avec le millésime de 1674 le chiffre, de provenance encore inexpliquée, de la Compagnie de Jésus. Toute cette partie médiane, en retrait sur le second corps de logis et sur les bâtiments de la grange, évoque, dans toute sa douceur de vie, un monde évanoui qui n'avait rien du nôtre et dont on ne peut que regretter la douceur perdue, tant on éprouve, dans ce milieu si simple, si humble, où le travail se mêlait à la prière, où passa la mort mais sans désespérance, où séjourna la douleur mais sans amertume, une impression délicieuse et pure, pénétrante, salutaire de sérénité sans nuage, de recueillement, d'apaisement.

Dans cette maison bénie, les naissances succédaient rapidement aux naissances. Voici d'abord une petite Odile, qui meurt à vingt mois ; puis trois garçons solides et turbulents : Joachim, Jean-Jacques et Jacques-Joseph, aux noms évangéliques empruntés tous à la famille du Seigneur. Quand arriva le tour de Jeanne-Antide, la joie fut grande, dans la demeure familiale, pour les parents d'avoir une fille, pour les gros frères joufflus d'avoir une petite sœur. Elle apparaissait, la chère enfant, comme un sourire du ciel et toute la maison en était illuminée.

Suivant la coutume de ce pays très chrétien, le baptême fut conféré ce même jour, 27 novembre, en l'église paroissiale de Sancey, de laquelle relevaient les villages ou hameaux de Sancey-l'Eglise, Sancey-le-Grand, Sancey-le-Long, Belvoir, Orve, Rahon, Surmont. Comme marraine, une jeune fille du plus grand mérite, Jeanne-Antide Vestremayr, qui sera pour sa filleule, dans tous ses ennuis et difficultés, la conseillère aimée et écoutée, une seconde mère. Pour parrain, un homme de bien, Modeste Biguenet, simple journalier. Les amitiés ne tenaient point alors aux avantages des relations mondaines, mais aux vertus du cœur, aux dons éprouvés de l'âme.

Mais quelle chétive et délicate enfant ! Sur ses lèvres blêmes, à peine un souffle. Durant des mois, l'attitude, les traits d'une morte. Quelle angoisse au cœur de la mère malade elle-même, clouée sur son lit de souffrance ! Comme elle manquait à sa fille ! Car la pauvrette n'avait pas autour d'elle des Sœurs de Charité pour la bien soigner et la chérir, mais des servantes balourdes, maladroites, étourdies, qui laissaient choir l'enfant, tout d'un bloc, sur le pavé nu. C'est miracle que l'on n'eut pas à déplorer une fin tragique. « Elles la laissaient tomber, note avec émotion sœur Rosalie, et elle se fit une plaie mortelle derrière la tête où il n'y revint jamais de cheveux. Elles la laissèrent encore tomber dans le feu où elle eût dû périr. Elle en porta toute sa vie les marques à la tête et aux bras. » Son ange, heureusement, veillait sur elle. De cette protection manifeste, Jeanne-Antide tirera plus tard cette conclusion, force de toute sa vie, germe d'héroïsme, que Dieu n'abandonne point les siens et qu'avec son aide, elle viendrait toujours à bout de tous les obstacles, fussent-ils, comme ils le seront, insurmontables.

Avec ce lot de servantes sans conscience ni bon sens, une fillette langoureuse entre vie et mort, trois marmots batailleurs, têtus, gaillards peu traitables, l'oncle Nicolas toujours grommelant, tante Oudette aux muscles d'acier, aux poumons sonores, toujours criant et menaçant, le rôle de la mère, par lui-même déjà si ardu, se compliquait encore des suites d'un état de santé extrêmement précaire.

Mais que comptait la peine physique auprès de la peine morale ? Outre les accès de son mal, la bonne, la sainte Jeanne-Claude avait à subir le pire : la mauvaise entente avec Oudette, toutes les humiliations, contradictions, injures, qu'une femme impérieuse, vindicative, acariâtre, violente, peut infliger à une belle-sœur qu'elle jalouse, qu'elle déteste, et bien trop douce pour tenir tête, trop vertueuse pour rendre les points.

Maltraitée au long du jour devant ses domestiques, devant ses enfants, devant les voisins, Jeanne-Claude Labbe ne pouvait que contenir douloureusement en elle-même son chagrin, n'ayant personne à qui le confier. Son mari, Jean-François, homme bon sous des dehors rudes, compatissait sans doute, mais que pouvait-il ? Pour ajouter aux maigres ressources du ménage, il avait dû prendre la direction d'une tannerie : on ne le voyait guère que pour les repas. D'ailleurs, Oudette et Nicolas, âpres travailleurs, lui étaient indispensables, force était de les ménager. Jeanne-Claude elle-même le savait bien et pour cette raison refoulait ses larmes, ne disait mot, offrant tout à Dieu.

Ici se révèle, avec le grand cœur, l'acuité d'intuition de notre petite Antide. Au premier éveil de son

entendement, cette frêle enfant qui avait eu la souffrance pour berceau, étonnée, inquiète de voir si
triste parfois le visage de sa mère, chercha toute seule
le pourquoi. Silencieusement, de son clair regard,
elle pénétra jusqu'aux replis les plus cachés du cœur
de sa chère maman, elle devina son chagrin, en dé-
mêla les causes et, se rendant compte de tout, comprit
qu'il ne fallait rien dire, rien laisser paraître, de peur
d'aggraver le conflit et d'ajouter encore au martyre
de sa mère. Et l'enfant se tut. Merveille de circon-
spection, d'infinie délicatesse et d'énergie aussi, de
maîtrise de soi, merveille d'un amour d'enfant.

Mais dès lors elle se désola en secret et s'ingénia,
de toutes les tendresses de son âme, de toutes ses
enfantines caresses, à consoler, à soutenir sa chère
maman : consolation bien douce, soutien bien fra-
gile en apparence, mais qui donnait à la mère, émue
d'un tel amour, tous les courages.

Souffrir et consoler la souffrance : voilà déjà Jeanne-
Antide, à six ans.

ÉDUCATION. — LA MÈRE ET LA TANTE

La fillette grandit, mignonne enfant, sage, réfléchie,
avenante, modeste, pieuse. Chacun l'aime.

Mais quelle ambiance !... Et quels exemples !

Les premières impressions décident en général de
toute la vie et les enfants, malléables natures, sont
d'ordinaire ce qu'on les fait. Comme une plante puise
les sucs de son terroir, s'épanouit avec le soleil, se
recroqueville avec la gelée et la bise aigre, l'âme toute
neuve des petits a vite contracté l'empreinte du milieu et subi, profondes, les influences de voisinage.
Que deviendra dans cet intérieur assombri, tourmenté,
où ne pénètre aucun rayon de joie, qui ne s'éclaire
d'aucun sourire et ne reflète que maladie, mauvaise
humeur, bourrades, disputes, que deviendra, sous les
rafales, la petite âme paisible et douce de Jeanne-
Antide ? Quel psychologue avisé, ou croyant l'être,
n'affirmerait qu'elle prendra la teinte de son entour,
sera triste dans la vie comme sa mère, fermée comme
son père, revêche ou hirsute comme ses frères, renfro-
gnée comme son oncle, grincheuse et hargneuse comme
sa tante, un composé peu flatteur de tous ces éléments ?

Horoscope fondé sans doute en raison plus ou moins,

mais que va démentir sur tous les points la vie entière de Jeanne-Antide. Nous allons assister, au contraire, en dépit des prévisions pessimistes, s'il en fut en ce temps, au développement régulier, ininterrompu, splendide, d'une des plus harmonieuses natures, et des plus charmantes, qui se rencontrent dans les annales de la sainteté.

C'est que Jeanne-Antide avait de qui tenir. Fille de la Comté, fille des montagnes de la Comté, elle avait reçu en héritage avec la vie le meilleur des qualités foncières, les plus belles vertus de sa race : un esprit droit, réfléchi, judicieux, profond, une volonté tenace, patiente, endurante, entreprenante, capable de toutes les énergies, et toutefois une bonté d'âme qui semble peu en harmonie avec ces vigoureuses, ces puissantes natures, mais qui est bien l'apanage le plus authentique, comme le plus précieux, des vrais fils de la Comté. Surtout elle respire dans ce milieu familial où la religion est à l'honneur, le parfum de la plus vivifiante piété : son père est l'incarnation du devoir, sa mère un modèle de vertu.

Fond solide que tout cela, contre lequel se briseront les obstacles et, la grâce de Dieu aidant, tous ces dons naturels seront vite transfigurés en dons du ciel : le bon jugement en prudence consommée, l'énergie du vouloir en force poussée à l'héroïsme, la bonté native en ardente charité, le sens religieux en zèle apostolique, les plus riches, en vérité, les plus fécondes des vertus du christianisme, celles qui ont fait les grands saints et les grands fondateurs, celles qui résumeront dans ses traits saillants l'histoire, la dramatique histoire de Jeanne-Antide et qui composeront pour notre édification et notre joie, lorsqu'elle sera élevée sur les autels, les linéaments distinctifs, les caractéristiques glorieuses de cette admirable physionomie de sainte, où rayonnent les plus pures qualités de l'âme et du sang de sa race.

Car c'est ainsi que la grâce parfait la nature dans les œuvres de Dieu.

Cette collaboration intime de la nature et de la grâce, cette communion du ciel et de la terre dans l'âme de cette enfant commença, si l'on peut dire, avant même le premier éveil de ses facultés. Sur les genoux de sa mère, elle apprit à prier dès qu'elle put balbutier le nom de Jésus qu'elle invoquait, les mains jointes, de tout son cœur candide. C'était l'honneur des vieilles familles comtoises, et c'était bien leur plus grand bonheur aussi, de donner à Dieu leurs enfants dès leur naissance : elles les avaient reçus de lui comme un présent ; à leur tour, elles lui rendaient ce présent divin en le lui consacrant, afin qu'il demeurât toujours en sa garde et que ces petits anges fussent sur la terre la bénédiction de ceux à qui ils devaient le jour et, dans le ciel, leur couronne de gloire. Car la pensée de l'éternité qui seule compte, qui seule restera, dominait de bien haut les intérêts, les vulgaires soucis de cette vie, flot qui passe et qui ne revient plus.

Que ne peut une mère sur l'avenir de son enfant !

Suivant ce qu'elle sait dire et ce qu'elle sait taire, ce qu'elle fait ou ce qu'elle ne fait pas, l'éducation qu'elle donne ou qu'elle inflige, sa main tient en suspens le bonheur ou le malheur des jours, les richesses de l'âme ou les frivolités de l'esprit, le culte du bien ou les séductions du mal, la vie ou la mort, le salut ou l'éternel naufrage. A l'école d'une sainte, attachée à **sa** mère comme elle l'était, recueillant toutes ses paroles, émue aux récits de la vie et de la passion du Sauveur, s'émerveillant aux belles histoires bibliques, s'édifiant sans discontinuer des exemples de rare vertu qu'elle avait sous les yeux, toutes les facultés vives et riches de cette enfant de prédilection, affinées encore par la longue souffrance, s'orientaient d'elles-mêmes vers la sainteté : tout l'intime de son **être** était comme nourri de piété, nourri de Dieu. Si Jeanne-Antide a gravi les plus hauts sommets de la vie sainte, si elle a sa place lumineuse dans le chœur des Vierges qui suivent l'Agneau partout où il va, n'est-il pas juste de reconnaître qu'elle le doit avant tout aux pieuses inspirations, aux vives exhortations, au religieux dévouement de sa mère bien aimée ? Admirable et attachant exemple, bien fait pour aller au cœur de toutes les mères.

Ces premiers rudiments de doctrine, ces maternels entretiens de piété se complétaient à l'église, aux catéchismes du bon curé Ligier, aux prônes de la grand'messe du dimanche, aux lectures spirituelles faites en chaire après la prière du soir. Jeanne-Antide ne perdait rien de ce qu'elle entendait : son âme candide et pure était vraiment ouverte aux choses du ciel. Le chant des cantiques, qu'elle aima toujours, surtout des naïfs mais émouvants cantiques de mission répandus alors dans toutes les paroisses par les missionnaires de Beaupré, ces grands bienfaiteurs du diocèse, gravaient au plus profond d'elle-même des maximes qui n'étaient pas seulement des traits de lumière pour la vie, mais une force d'impulsion ardente au service de Dieu par la ferveur des sentiments soulevés en elle. L'église de son village, elle ne l'oubliera jamais, elle la chérira toujours : c'est là qu'elle aura goûté, enfant, puis jeune fille, les plus pures jouissances, les plus vives émotions, les consolations les plus débordantes et suaves de sa vie.

Entre temps, l'âge était venu pour la petite Antide, à l'automne de sa septième année, d'aller à l'école. Elle y alla. Intelligente, douée d'une heureuse mémoire attentive à tout ce qu'elle faisait, réussissant à merveille tout ce qu'elle entreprenait, elle eût appris tout ce qu'elle aurait voulu.

L'intention des parents était bien d'assurer à leur fille une complète et solide instruction, à tout le moins ce qu'il en fallait pour développer son esprit et lui permettre d'affronter plus honorablement les difficultés de l'existence. Mais on avait compté sans l'assentiment de tante Oudette dont la pédagogie jeta aussitôt les hauts cris : « Non ! Pas d'instruction pour une fille ! déclara péremptoirement la tante. Passe encore d'apprendre à lire pour suivre les prières dans son paroissien, c'est tout ce qu'il faut. Mais écrire, c'est de trop ! Une fille ne doit pas savoir écrire. Jeanne-Antide n'ira plus à l'école. C'est assez ! » La prudente Oudette craignait démesurément, disons-le, que sa charmante petite nièce — notre chère Bienheureuse — n'écrivit un jour des billets compromettants autour d'elle ! Et dès lors, en bonne tante avisée, elle s'ingéniait à la préserver ainsi de tout mal, radicalement. En quoi il paraît bien que sa psychologie serrait de près sa pédagogie.

Le père, Jean-François Thouret, maintenant dans le commerce de la tannerie, en jugeait autrement ; esprit sensé, il n'admettait en aucune façon ces considérations-là. N'importe, il lui fallut plier devant l'orage. Quant à la mère, elle n'avait pas voix au chapitre. D'ailleurs, ni elle, ni personne. Oudette Thouret, et non point Claude Labbe, régenterait la maisonnée : à elle seule, elle composait suffisamment tout le chapitre.

Et voilà comment, par ordre de tante Oudette, et pour avoir la paix à la maison, Jeanne-Antide qui sera un jour en correspondance suivie avec les préfets, les ministres, les évêques, les cardinaux, les reines et les impératrices, quitta l'école après quelques mois, aux premières frondaisons du printemps, sans avoir mis la main à une plume. Tante Oudette était contente: sa nièce sera une jeune fille « comme il faut ».

Elle ne pensait pas si bien dire.

LA PETITE BERGÈRE

Cependant, il fallait l'occuper, cette enfant.

Si jeunette, on lui trouva pourtant assez de maturité, d'attention, de savoir-faire pour lui confier la garde du troupeau : elle fut promue bergère. Au fait, vu sa chétive santé, cette vie au grand air, dans l'arome des herbages et des bois, à courir à travers prés au rapatriement des bêtes, à la préservation des enclos, ne lui valait-elle pas infiniment mieux que la réclusion prolongée dans une classe ? Sans doute, Dieu avait-il eu son secret. Veaux, vaches, moutons et chèvres vinrent donc se ranger tant bien que mal sous sa houlette encore mal affermie et elle conduisait gentiment, fort dextrement du reste, son cortège beuglant et bêlant au pâturage, où elle retrouvait avec leurs troupeaux, ses petites amies et les garçonnets de son âge.

Mais, depuis Jeanne d'Arc ou Germaine Cousin, vit-on jamais pareille bergère ? Dans la mémoire de ses contemporains, les souvenirs les plus vivants et les plus chers sont restés de ce temps jusqu'aux dernières limites de l'âge, encore tout imprégnés de la fraîcheur des premières impressions. Ils étaient

pourtant bien jeunes, ces petits bergers, ces petites
bergères, pour comprendre en quoi que ce fût, ce qui
se passait d'extraordinaire dans l'esprit et dans l'âme
de leur compagne, pour le deviner même ? Mais
tous la vénéraient. Soixante ans plus tard ils se remé-
moreront encore et leur admiration ne sera point
tarie. Ils seront toujours sous le charme et ils ne ces-
seront de le dire et redire à leurs enfants, à leurs petits
enfants, qui d'ailleurs ne se lasseront point de les
entendre. Ils voyaient en elle une prédestinée, une
petite sainte. « Ce n'était pas, proclameront-ils, une
enfant comme les autres. »

Non, en vérité, Jeanne-Antide n'était pas une enfant comme les autres. Pendant que ceux-ci chantaient,
dansaient, jouaient sur le gazon, imitaient le loriot
ou la fauvette, dénichaient les nids, faisaient rôtir
des grenouilles ou bien, suivant les saisons, emplis-
saient de fraises, de mûres, de framboises, de noiset-
tes, leurs corbeilles, oubliant ou négligeant les bêtes
qui s'égaraient à la maraude, Jeanne-Antide cherchait
la solitude et trouvait Dieu.

Elle méditait, elle priait. Avec le ciel profond au-
dessus de sa tête, devant les clairs horizons, les lignes
souples des collines fuyant vers un autre infini,
les teintes douces, si tendres, si fines, de ce vallon aux
perspectives ouvertes, gracieux entre tous, son cœur
se dilatait dans la prière, son esprit s'élevait à des hauteurs surprenantes dans la contemplation. Elle voyait
ce que les autres ne voyaient pas, ce que Dieu dérobe
à l'orgueilleuse pénétration des savants, mais dévoile

à l'intelligence des simples, au cœur de ceux qui
aiment.

Là, séparée de tout, soustraite aux criailleries de
sa tante et aux distractions du ménage, l'enfant passe
des heures sereines, bien seule, toute seule avec son
Dieu; heures fécondes aussi, car déjà se creuse le sil-
lon, déjà se sème le grain pour les moissons de l'avenir. C'est le temps où Jeanne-Antide sent poindre en
elle, dans ce milieu propice, puis lever comme une
herbe drue, en attendant qu'elle fleurisse et qu'elle
soit devenue le froment du Seigneur, les deux sentiments dont sa mère avait déposé le germe au plus
profond de son cœur et qui la mèneront au couvent :
le désir du ciel et le mépris des vanités du monde.

Dieu la conduit; il a son jour, son heure : de loin il
prépare sa servante.

Si jeune, elle est déjà aux grandes choses de la vie,
aux plus grandes. Elle se sert des créatures dont elle
a le magnifique spectacle sous les yeux pour s'élever,
comme on le lui a si bien appris au catéchisme, aux
régions invisibles de la divinité. Son âme est d'une
contemplative, d'une Thérèse de Jésus. Tout la
ramène à Dieu : elle a le sens de Dieu. Dans l'immensité
sans fin de ces espaces où se perdent son regard et sa
pensée, elle perçoit, ravie d'admiration, le sceau de
la magnificence et de la grandeur souveraine du
Créateur et son esprit se replie en une adoration muette
dans le sentiment et comme dans la sensation de son
néant. Puis, autour d'elle, dans ce décor changeant
de verdure et de fleurs où se pose à chaque instant

son regard, elle retrouve, comme un sourire d'en
haut, les infinies délicatesses de Dieu qui se penche vers
nous comme un père, les mains pleines de présents,
et de son cœur la reconnaissance déborde pour
remonter vers le ciel qui sera plus beau encore.

Comment nier qu'il existe des correspondances
secrètes entre le monde visible et le monde moral,
entre le paysage et la vie ? Les choses prolongent leur
reflet dans l'âme, et à noter ainsi toutes les influences
du dehors qui exercent leur emprise sur une délicate
et vibrante nature, accessible aux plus légères impressions qui passent comme aux plus profondes
émotions qui restent, on comprend mieux, et même
on ne comprend que par là, jusqu'à quel point Jeanne-
Antide enfant, toute petite enfant, avait pu être frap-
pée de cette parole de saint Ignace, dont elle fera
son éternelle méditation et l'une des maximes direc-
trices de sa vie, parole qu'elle rappellera plus tard si
souvent à ses chères filles avec tout l'élan de ses saints
désirs : « Ah ! que la terre avec tous ses trésors me
paraît peu de chose quand je porte mes regards vers
le ciel ! »

Les trésors de la terre, de quelle séduction pouvaient
ils s'envelopper pour elle ? A la lumière de ces grandes pensées, elle les jugeait à leur valeur. Et n'avait-
elle pas sous les yeux, dans ces remparts démantelés,
dans cette tour solitaire du château de Belvoir
rongée par le temps, par l'abandon, et qui dominait

encore la vallée, le plus magnifique témoignage de leur néant ?

Elle avait eu son heure de gloire et de puissance, la belle châtelaine, Béatrix de Cusance, dont on contait encore l'histoire dans le vallon de la Baume, aux veillées d'hiver. La couronne de Lorraine avait brillé sur son front ; elle avait connu les joies du trône, à peine le temps d'en jouir ; et le trône s'était écroulé, la couronne s'était brisée, l'affection du duc Charles IV s'était glacée, et la mort qui égalise toutes les conditions, qui clôt tous les drames, était venue, vraie souveraine, seule souveraine, surprendre la belle dame repentante sous la bure d'une clarisse.

Et Jeanne-Antide, à la vue du vieux manoir lugubre comme un tombeau, de redire, pour sa gouverne personnelle, cette autre parole qu'elle avait retenue au prône de son curé et qui restait fixée à jamais au centre même de ses réflexions : « Celui qui s'élève sera abaissé, celui qui s'abaisse sera élevé ». Pour elle, elle ne rêve que de s'abaisser encore aux yeux de Dieu dans son humilité, de compter pour rien dans le monde, alors que le monde ne compte de rien pour elle.

Quelle gravité de pensée, quelle profondeur d'âme, quelles vues surnaturelles dans une enfant de cet âge, sans lettres, sans culture, pauvre et douce bergerette de Sancey-le-Long ! Toute sa vie est déjà en germe dans ces premières méditations, admirable vie qu'il faut méditer à son tour, mais dont personne ne déchiffrera le secret s'il n'a déjà le secret de son humble et merveilleuse enfance.

Qu'on aille au fond de cette nature vraiment privilégiée, on n'y trouvera que tendance à la plus haute perfection, oubli absolu de soi pour Dieu et pour les autres, sans un défaut qui émerge, qui se décèle, à prendre les textes que nous avons, à en serrer le sens. A moins qu'il ne puisse sembler étrange, anormal, de rencontrer chez une enfant de la campagne une entrée dans la vie aussi peu enjouée, une existence aussi repliée sur elle-même, toute en retrait, existence d'ombre à l'écart de tout et de tous. Est-elle, en effet, suffisamment sociable, cette petite solitaire ? Et trouverait-on pareil exemple d'isolement anachorétique dans la vie des saints, si ce n'est chez les saints de la légende ?

Si insolite que puisse toutefois paraître, à qui ne voit que les dehors, l'effacement voulu de Jeanne-Antide parmi la troupe bruyante et rieuse des petits montagnons, son éloignement des jeux violents et des divertissements tumultueux s'explique au mieux par les causes les plus simples, et bien loin de dénoter quelque bizarrerie ou sauvagerie d'humeur, à son tour il nous révèle la charmante souplesse de son caractère, de même que ses élans de compassion pour sa mère nous ont révélé les infinies délicatesses de son cœur, et ses méditations à la lisière des bois l'élévation de son esprit.

Vainement, dans les trois Sancey et toute la vallée de la Baume ou du Cusancin, de population si avenante, eût-on cherché fillette plus gentille, plus serviable, plus prévenante, plus simple, plus joliment

aimable que cette petite Antide aux vifs yeux noirs,
lumineux et modestes, au gracieux visage très ouvert, au sourire si doux et grave tout à la fois, ce sourire de bonté exquise, d'une inexprimable fraîcheur,
si pur, si bien rendu par l'un de ses portraits et qui
est d'une âme céleste. Il est naturel de penser que si
une enfant aussi richement douée et faite pour plaire
se confinait à l'écart des autres enfants, dans une
solitude d'ailleurs respectée de tous, ce n'était en
aucune façon mauvais vouloir, hauteur, étrangeté.

Mais comment la pauvre petite, si longtemps dis-
putée à la mort, toute menue, toute fluette, langoureuse encore des suites de sa chétive enfance, se serait-elle senti l'exubérance de forces, la vigueur d'ex-
pansion qui emportait en des rondes sans fin ou des
courses éperdues pâtres et pastoures ? Et quand chez
elle, sa bonne mère, si tendrement, si profondément
chérie, souffrait et criait grâce devant la souffrance,
sans personne, hormis sa fille, pour alléger son martyre, surtout le martyre intérieur, la fillette qui trem-
blait devant le spectre de la séparation prochaine et
dont le cœur saignait, aurait-elle eu le goût de s'amu-
ser et de danser ?

Et puis, cette enfant était la conscience même. Elle
avait une charge à remplir, une responsabilité pesait
sur elle. Elle était là pour garder son troupeau : sans
le quitter, elle le garderait, fidèle au devoir.

Au reste, solitude n'était pas isolement. Jeanne-
Antide s'associait très bien de loin aux parties de
plaisir de ses petits compagnons. Elle y contribuait

pour sa bonne part, plus que personne même. Car
pour permettre à la troupe joyeuse de se livrer sans
craintes ni remords à ses ébats, volontiers elle
assumait la garde de tout le troupeau. Rude corvée, s'il en fut, car il s'agissait, pour empêcher les dé-
gâts, d'avoir l'œil constamment sur les bêtes, de courir
sus aux récalcitrantes, de «ramener» les extravagantes:
toute une stratégie que Jeanne-Antide, général en
chef du troupeau, possédait supérieurement. Quelle
douce charité déjà !

Et vers le déclin du jour quand prenaient fin les
ébats, quand les petites jambes n'en pouvaient plus,
ils arrivaient de tous les buissons et de toutes les
haies, de tous les coins de bois, pastoureaux et pastou-
relles, auprès de Jeanne-Antide qui groupait alors de
la meilleure grâce son monde de lutins autour d'elle,
et tous ensemble, graves et recueillis dans l'apaisement du soir, récitaient pieusement avec elle le chapelet, couronne de roses mystiques offerte par les
petits bergers à leur bonne Reine du ciel.

Après quoi s'en retournaient à la maison troupe
et troupeau, bêtes et enfants, chacun chez soi. Jeanne-
Antide se hâtait bien vite d'aller retrouver sa mère,
de la consoler de son absence par ses tendres caresses, de la soigner aussi de son mieux, car personne
ne veillait sur elle. C'étaient les bons moments. Elles
en jouissaient toutes deux, la mère et la fille, avec le
même rayonnement de bonheur sur le visage, du même
cœur dilaté, car chez elle affections, pensées, souffrances, espérances, ne faisaient qu'un. Puis Jeanne-

Antide, attentive à tout, se mettait aux soins du ménage : avec elle, rien ne manquait à personne.

Telle était, en l'an de grâce 1775, sur le coup de
ses dix ans, Jeanne-Antide, la petite bergère.

LA MAITRESSE DE MAISON

Le jour vint, hélas ! où Jeanne-Claude Labbe épuisée par les fatigues, les chagrins, la maladie, s'éteignit doucement dans les bras de sa fille. Quelle peine, quel sacrifice pour la pauvre enfant ! Quelles larmes brûlèrent ses yeux rougis ! Et quel deuil dans son âme ! Sa mère était tout pour elle : que lui restait-il ? De plus en plus, c'était Dieu seul.

Avec toutes les tendresses, toutes les ingéniosités de son cœur, Jeanne-Antide avait disputé longtemps, jour par jour, sa chère maman à la mort. Elle était là, quand les médecins venaient, pour bien se rendre compte ; elle écoutait attentivement ce qu'ils disaient pour ne rien omettre des prescriptions, pour exécuter ponctuellement les ordres, et pour savoir aussi, pour deviner, le cœur battant d'inquiétude ou d'espérance. Elle-même, elle seule, préparait ensuite potions et tisanes, administrait les remèdes, faisait les pansements voulus, inventait mille moyens de soulager, cherchant à réjouir, à rendre courage, à faire briller le rayon d'espérance, soutien des malades, et préludant ainsi à sa future mission, transformée non pas encore en sœur, mais déjà en ange de charité.

Vers Dieu montait ensemble leur prière, le plus

assuré des secours. Ensemble, elles parlaient des joies du ciel, des tristesses de la terre, et de là-haut descendait dans leur âme la paix, la force de souffrir. Jeanne-Antide était pour sa mère le sourire consolateur ; elle eût été la vie, si ce pauvre corps usé, miné, eût été capable d'un regain de vie.

Le sacrifice se consomma. Jeanne-Antide, jusqu'au bout, malgré le déchirement profond, violent de tout son être, domina sa douleur ; elle resta pour sa mère ce qu'elle devait être, ce qu'elle avait toujours été. Personne n'approcha la défunte, si ce n'est Barbe, la petite sœur. De ses mains filiales qui l'avaient soignée pendant sa vie avec tant de soin, avec tant d'amour, elle lui rendit après la mort les derniers devoirs. Puis elle se réfugia dans ses larmes, dans la solitude maintenant désolée de son cœur.

Au soir même des obsèques, malgré les émotions du jour et la morne tristesse de l'heure, une grave décision prise par le père et comme formulée en conseil de famille allait transformer complètement et brusquement l'existence de Jeanne-Antide.

La mère n'était plus. Sa place au foyer restait vide. De toute nécessité il fallait remettre en d'autres mains le gouvernement de la maison ; et qui mieux que Jeanne-Antide, bien jeune, il est vrai, et de santé médiocre, pourrait remplir, avec plus de savoir-faire et de dévouement, la place déserte ? —Ainsi l'avait résolu Jean-François Thouret, à la grande surprise de sa sœur Oudette qui jusqu'alors, du vivant même de

Jeanne-Claude Labbe, avait toujours commandé dans la maison, réglé toutes choses par elle-même, régenté chacun, en maîtresse volontaire qui sait se faire obéir et n'entend pas riposte. Quelles perspectives sombres, en ce jour de deuil, pour la pauvre enfant ! Suffirait-elle à ce qu'on lui demandait ? Mais le père avait parlé : Jeanne-Antide se soumit.

Le lendemain, dans la tristesse du réveil, Jeanne-Antide pensa aussitôt à la rude tâche qui l'attendait, à ces lourdes responsabilités de maîtresse de maison qui passaient de si loin son âge et semblaient écrasantes pour ses forces.

Sur elle tout repose désormais et les difficultés matérielles se dressent de partout. Douze personnes pour le moins à nourrir, à pourvoir de tout, à entendre, à diriger dans leurs occupations. Le travail à organiser, les tâches à distribuer. Le soin du jardin, de la basse-cour, des bêtes à l'étable. Même une surveillance lointaine à exercer sur les travaux des champs. Les provisions à faire durant la saison d'été pour les longs hivers, chaque ménage devant se suffire à lui-même, battre son blé, cuire son pain, produire son beurre, fabriquer ses fromages, filer le chanvre et la laine, confectionner le linge et les habits, lessiver, repasser, raccommoder. Tout un monde d'occupations diverses et compliquées que cette vie patriarcale sous l'ancien régime, chacune d'elles exigeant, pour la mener à bien, l'activité, le savoir-faire et par-dessus

tout l'esprit d'ordre qui est la gloire d'une femme et
la fortune d'une maison.

Active, elle l'est entre toutes, la brave jeune fille,
travailleuse incomparable que rien n'arrête. **Nul**
labeur ne l'effraie ; il semble que nulle peine ne **lui**
coûte. Seule en face d'une situation déconcertante
pour toute autre que pour elle par la multiplicité
même et l'étendue des occupations, elle est déjà **ce**
qu'elle sera toujours au cours de sa vie extraordinaire-
ment laborieuse et féconde, la femme forte exaltée
par la Bible en ses strophes lyriques et qui, dans **le**
secret de sa maison, accomplit des prodiges.

Qui ne l'aura vue à Sancey, sous le toit de son père,
abattant l'ouvrage qui fond entre ses mains, ne **la**
comprendra ni à Besançon ni à Naples et n'aura **pas**
le secret de sa grande œuvre. Elle est jeune, elle **est**
frêle ; elle n'a pour elle que l'expérience de ses **seize**
ans ; elle est abattue par la mort de sa mère, **par**
toutes les fatigues des longs mois précédents. **Chacun**
la plaint. On se demande si elle pourra tenir le **coup,**
si là-bas, au cimetière, la tombe à peine recouverte
n'appelle pas une autre tombe. Elle va pourtant,
elle s'active, se dépense; rien ne la rebute, et elle **tient.**

Mais comment tient-elle ?

Mystère pour tous ceux qui la voient à l'œuvre,
pour les braves voisines qui viennent à tour de **rôle**
lui prêter main forte, offrir leurs services.

C'est qu'on n'a connu jusqu'alors dans Jeanne-
Antide que l'enfant ; on n'a vu que l'ingénuité **de**

son âge et la débilité de ses forces. Qui soupçonnerait
ce que récèle d'indomptable énergie et de vaillance,
d'endurance héroïque, non moins que de sens droit,
de pratique sagesse, de vive intelligence et de générosité sans bornes, l'âme étonnamment douce et réfléchie de cette jeune fille, modèle accompli, dans sa
simplicité charmante et l'épanouissement de sa suave
piété, des plus parfaites jeunes filles.

Piété, générosité, voilà le secret de sa force. Le
merveilleux ressort des énergies de sa volonté, nous
le retrouvons dans son grand cœur. Confiante dans
le Dieu infiniment bon qui prend soin des orphelins,
les yeux fixés sur l'image de sa mère qui avait été son
initiatrice et qui sera toujours son inspiratrice, ani-
mée d'une ardente affection pour les siens et d'un
sentiment profond du devoir, résolument elle se
mettra chaque jour à l'œuvre sans trouble aucun, sans
effroi, avec la bénédiction d'en-haut, soutenue dans
la lutte et l'effort par cette paix intérieure qui se
reflétait en tous ses traits et qui était déjà la marque
de Dieu sur elle.

Dès lors elle se sent tous les courages. Pour Dieu,
pour les siens, elle se donne et, comme sa bonne
mère, elle saura donner toujours sans compter, ni
avec ses forces, ni avec ses répugnances, ni avec son
attrait, ne retenant pour elle que le parfait oubli de
soi. Rien de tout ce qu'elle entreprend, qui ait jamais
l'air d'une corvée; tout son cœur, elle le met à ce
qu'elle fait et la charité est la loi de son cœur. Principe divin qui animera tous ses actes, c'est l'intaris-

sable sève qui infiltre partout la vie, et durant quatre
ans, cette vie déjà héroïque d'âpre et incessant labeur
se déploiera de la sorte dans la sérénité de cet humble
intérieur, fleur éclatante, fleur exquise du dévouement.

L'activité est une chose, l'habileté une autre.
Travailler, même de tout son cœur. ne suffirait
point à une maîtresse de maison : il faut savoir pour
faire, et Jeanne-Antide supérieurement pourvue du
sens pratique, apte à tous les travaux d'intérieur,
possède au plus éminent degré ce don de savoir-faire.
Elle en fera bon usage : le don ne chômera point.

Tour à tour, ou plus exactement tout à la fois ménagère, cuisinière, jardinière, fermière, lingère, cou-
turière, infirmière, s'il le faut débitante de grain aux
lieu et place de son père, elle veille à tout, pourvoit
à tout, répare ou redresse, déploie en tous les
domaines ses rares qualités d'initiative, d'ingénio-
sité, d'adresse, de tour de main, qui valent pour une
femme un trésor, mais qui sont seulement l'apanage
d'une élite.

Puisque le Souverain Pontife Pie XI nous propose
les caractéristiques de la vie de la Bienheureuse
comme des exemples « spécialement adaptés à notre
condition présente » et nous invite à les opposer aux
entraînements des temps nouveaux, quelle leçon
utile à méditer pour tant de jeunes filles de nos jours
déshéritées des vertus d'autrefois, qui ne font rien
de leurs journées parce qu'elles ne savent rien faire

et dont la frivolité ridiculement ombrageuse et vaine se garderait comme du déshonneur de toucher à la pâte, d'avoir des mains défraîchies, un trousseau de clefs dans leur poche ou de tenir, suprême honte, la queue de la casserole, voire une simple aiguille entre leurs doigts aux ongles lustrés, tristes fruits d'une civilisation rétrograde, parasites d'une race dégénérée qui ne visent qu'à paraître et n'ont même plus, dans l'universel concert des êtres, l'utilité du papillon !

Que nous sommes loin de Jeanne-Antide ! Pour elle, la loi du travail était sacrée. Elle l'aimait. C'était la loi de vie. C'était sa vie. Elle ne lui trouvait que des charmes, nulle âpreté. Il semblait que le travail eût pour elle toute la douceur qu'il avait dans l'Eden. Comme il en est de tous les tempéraments créés pour l'action, l'inertie, pour elle, eût été la mort : elle ne goûtera le repos que dans la tombe. Mais aussi quelles merveilles opérées ! Quelle œuvre gigantesque établie sur des fondements indestructibles !

Pour notre édification et pour la vérité de l'histoire, n'allons pas chercher trop loin le secret de ces vastes entreprises. Il est à l'origine, pour une part appréciable du moins, dans cette inéluctable nécessité où, par un mystérieux dessein de la Providence, se trouva Jeanne-Antide, à seize ans, de faire face à tout en son ménage et d'apprendre ainsi à tout faire. Or, comme on ne fait bien que ce que l'on aime, c'est à son amour du travail sous toutes ses formes que revient le succès de ces talents modestes dont la vanité ne se pare point, mais dont vivent les familles pauvres et parfois les grandes œuvres, et qui étaient sans le moindre doute ceux de la Vierge à Nazareth.

Peu à peu la maison obérée, morne, lézardée, croulante de Jean-François Thouret prenait un aspect plus rasserénant, une assiette plus solide. Les fissures se réparaient ; les difficultés financières se redressaient ; un air coquet de propreté, d'aisance, on dirait de confort, si le confort eût été de ce temps, et de sérénité, de libre vie, circulait partout le logis. A qui tenait ce miracle d'économie domestique ? A la magique baguette de Jeanne-Antide, la petite fée. Au désordre criant de la criarde tante Oudette avait succédé l'ordre parfait, silencieux mais partout reluisant, de Jeanne-Antide. En quoi l'aimable petite sainte de nos montagnes est encore un modèle.

L'ordre est un merveilleux talisman : il allonge les jours, il raccourcit la peine. Dans le même cercle d'heures, avec les mêmes éléments, il permet de faire plus et de faire mieux. Alors que sans lui la plus exubérante activité ne serait que stérile agitation, tourbillon destructeur, il donne au moindre effort, en l'adaptant à son but, son maximum de rendement et, en l'harmonisant avec d'autres efforts, une puissance insoupçonnée.

Les grandes œuvres ne sortent pas de terre au hasard, comme les folles herbes. Les moindres choses valent ce qu'elles coûtent et elles ont la valeur qu'on leur donne. Si Jeanne-Antide a accompli au cours de son existence une œuvre de géant, « œuvre admirable

— pour reprendre le mot de Pie XI — qui embrasse le monde », si elle a édifié avec une étonnante maîtrise sur des bases qui n'ont point cédé et qui ne céderont pas, ce bienfaisant Institut des Sœurs de la Charité dont le rayonnement porte si loin au dehors, mais dont toute la gloire est au dedans, c'est que cette femme intrépide et aux vastes desseins, jalouse d'établir le règne de Dieu sur la terre, possédait sans doute un génie supérieur d'organisation. — Mais le génie de l'organisation serait-il autre chose que ce génie de l'ordre en quoi se résument, avec une inimitable perfection, les qualités pratiques, l'esprit très positif, très comtois, de Jeanne-Antide ? Oui, de l'ordre, don précieux, don souverain qui est inné en elle, qu'elle cultive néanmoins comme une vertu très haute, chargée de fruits, et qui par la seule économie de son temps, de son argent, de ses forces, en lui permettant de ne rien perdre de ce qu'elle a, de tirer parti de tout, d'utiliser même l'inutilisable, lui permettra d'acquérir ce qu'elle n'a pas, réunissant, tout compte fait, entre ses mains, de fabuleuses ressources dont profiteront des milliers et des milliers de pauvres, de malades, d'infirmes, d'abandonnés, et qui lui serviront au surplus à couvrir d'écoles et de fondations charitables plusieurs royaumes.

D'abord Jeanne-Antide sait le prix du temps. Elle a, de très bonne heure, appris qu'il est la monnaie de l'éternité. Elle voit de près maintenant qu'il vaut aussi, dans ce bas monde, des lingots d'or. Aussi n'en per-

dra-t-elle pas une parcelle. Son premier soin sera
toujours de prévoir ce qu'il lui incombera de faire
et ses occupations seront réglées d'avance, et dans
le moindre détail, suivant ses prévisions. Jeanne-
Antide est une vierge sage : elle ne manquera pas
l'heure, et l'huile ne manquera jamais non plus à
sa lampe.

Voici, autant qu'on peut le reconstituer grâce aux
Livres de raison, aux us et coutumes de l'époque et
à certaines indications documentaires, l'ordre habi-
tuel de ses journées toujours scrupuleusement suivi :
il nous permettra de pénétrer plus avant, dans son
cadre d'intérieur de campagne, l'intimité de cette vie
de jeune fille et d'admirer les riches ressources orga-
nisatrices de la jeune ménagère.

Dès la première heure, les déjeuners sont prêts,
les tâches distribuées ; puis la maison mise en état,
balayée, époussetée, proprette, car Jeanne-Antide
eut toujours le culte fervent de la propreté, vertu
domestique assez peu commune en ce temps-là ;
les bêtes ont leur litière, les poules leur grain à picorer;
le lait du matin repose dans les jattes, celui de la veille
est écrémé et la baratte entre en mouvement. Vient
l'heure d'éplucher les légumes, de préparer le repas
de midi. Au coup de l'*Angelus* se dressera, sur la table
de la cuisine où se prennent les repas, la bonne soupe
odorante et fumante, et après elle apparaîtront tantôt
le plat de légumes décoré souvent du traditionnel
morceau de lard ou d'une saucisse appétissante,
tantôt la couleur dorée du plat de « gaudes », quand ce

n'est pas le bol de « cancoillotte » aux senteurs pénétrantes.

Jeanne-Antide est habile cuisinière. Ce talent lui servira quelque jour à Wiesent pour ramener la paix dans la communauté. Il lui sert aux mêmes fins dans la maison de son père. Elle sait ce que vaut, pour l'apaisement des esprits, l'apaisement des appétits et elle entend que rien ne manque à personne et que tout le monde soit content. Autour de la table commune que préside le père et qui rassemble, en même temps que les membres de la famille, servantes et journaliers, parfois de vieux pauvres reçus au nom du Seigneur, on ne voit que figures souriantes. En tout, de treize à quinze personnes. A la suite des assiettées de soupe et en compagnie des potées de légumes, les miches de pain pétries sans doute et enfournées par les muscles vigoureux de tante Oudette disparaissent, par larges quartiers, dans ces estomacs robustes et puissants, comme sous un enchantement, et ces rudes travailleurs, nantis jusqu'au soir, s'en retournent, d'un cœur gai, à leur ouvrage.

L'après-midi, une fois la vaisselle faite et rangée, survenaient pour Jeanne-Antide une ou deux bonnes heures de recueillement et de prière. Heures attendues, heures bienvenues. Retirée dans sa chambrette au premier, elle s'occupe devant les vitres de sa fenêtre à raccommoder ou à coudre, les yeux de temps en temps levés vers l'église de son village. C'est la parfaite solitude : rien ne viendra troubler son entretien avec Dieu.

Courageusement, elle reprenait sa tâche, inspectait les offices, surveillait les travaux en cours, préparait le souper composé habituellement de laitage et de pommes de terre, et la journée si bien distribuée et si bien remplie se terminait par la prière en commun récitée vraisemblablement par Jeanne-Antide, qui était dans la maison l'ange de la prière comme elle était l'ange du sacrifice.

Economie de temps, économie d'argent : le même souci de l'ordre qui inspirait toutes les actions de Jeanne-Antide, s'attachait, avec une égale attention, à ce double objectif.

Il le fallait bien. L'argent ne surabondait pas dans la maison de Jean-François Thouret : les beaux deniers étaient rares. Ecrasé par ses charges de famille, gêné dans ses affaires par la maladie de sa femme, par l'impéritie et l'humeur brouillonne de sa sœur, le pauvre père avait connu des heures bien tristes et vu souvent se dresser devant lui le spectre de la misère. Confiant dans la sagesse éprouvée de sa fille, il lui avait remis néanmoins, après la mort de la mère, c'est-à-dire au plus fort de la débâcle, les cordons de la bourse, une bourse en vérité, qui n'avait guère que les cordons... et c'était bien, en effet, tout ce qu'on en pouvait tirer.

Il est vrai qu'on y pouvait mettre. Et c'est ce que fit Jeanne-Antide. Loin de désespérer, elle s'ingénia si bien, la chère enfant, et sa tendresse filiale l'inspira de si heureuse façon que la bourse peu à peu s'ar-

rondit et que disparurent sur le front du père les préoc-
cupations du lendemain. La vie devint plus large.
Au pain noir, au dur « bollon » des montagnes, suc-
cède le bon pain de froment. Nous voyons le blé et
le vin se donner rendez-vous chez Jean-François.
Les estomacs ne crient plus famine et l'industrieuse
Jeanne-Antide n'y regarde pas pour parfaire la
mesure des clients et pour octroyer aux pauvres ses
largesses.

Elle avait bien raison, la vaillante jeune fille, de
ne désespérer point. La source de toute prospérité,
elle l'avait en elle-même, dans ce don, apanage des
natures créatrices, qui consiste, pour une maîtresse
de maison, à réduire au minimum les dépenses en
portant au maximum les recettes, pratiquement —
comme il appert pour Jeanne-Antide — à faire quelque chose de rien ou presque rien. C'était là son talisman. A vrai dire, elle n'en demandera pas tant,
plus tard, aux cuisinières de sa communauté. Mais
l'exemple, elle le donnait ; à Dieu de distribuer les
talents.

Ainsi faisait-elle, au milieu de sa batterie de cuisine, la petite ménagère de Sancey-le-Long ; ainsi
fera-t-elle encore, avec une autre ampleur et pour le
bien de tous, au cours des diverses fondations qui
marqueront les étapes de sa vie, à Besançon, à Naples,
dans la minuscule école des Martelots, dans l'immense
prison puante de Bellevaux, comme dans ce somp-
tueux couvent de Regina-Coeli, riche de marbres
et de palmiers mais où tout manque, palais de la

misère. Elle sera toujours la providence de tous : partout la même sagesse, la même entente supérieure de l'administration en tous domaines, le même succès, béni de là-haut, dans l'équilibre du budget. A Sancey, Jeanne-Antide s'est fait la main.

Voilà, à n'en pas douter, des journées bien remplies. Pas une minute à prélever, du grand matin jusqu'au soir, ne disons point pour un brin de causette entre voisines sur le pas des portes ou dans les rues du village, ce qui est assez la coutume des villages franc-comtois et entretient d'ailleurs les bons rapports de voisinage, mais même pour une courte visite à ses amies qui, de leur côté, respectent bien son temps et ne l'aiment pas moins. Elles se retrouveront le dimanche. « Elle n'avait aucune fréquentation avec personne, écrit sa nièce, sœur Rosalie, — à qui il faut toujours revenir, en tenant compte de la teinte com-toise des mots, pour darder le rayon de lumière aux intimes profondeurs de cette âme exquise, — occupée continuellement aux soins et à la conduite de la maison de son père. » Fréquentation, c'est-à-dire amitié particulière et rapports suivis ; mais tous les devoirs d'amitié restaient saufs, nous le savons de reste, le loisir seul manquant pour accorder leur part légitime aux distractions villageoises.

Il manquait si bien et les charges étaient si lourdes et les emplois si divers, que l'on se demande com-ment cette frêle santé pouvait suffire à tout sans ployer, sans casser, elle dont les vieilles personnes expérimentées des trois Sancey disaient naguère, hochant la tête, qu'elle n'irait pas deux ans. Or, elle allait, vaillamment elle allait sans s'arrêter un seul jour. Ses forces semblaient même se raffermir avec les occupations, et Jeanne-Antide, habile infirmière, entendue en médecine locale, en remèdes pour tous les cas habituels, soignera tous les siens, voire même les autres, distributrice de santé pour tous, sans avoir à se soigner jamais.

Les bonnes voisines qui n'en faisaient pas le quart dans leur petit ménage et qui venaient, de temps à autre, glisser un conseil, émettre un avis et voir un tantinet aussi ce qui se passait, comment allaient les choses chez le père Thouret, s'en revenaient émerveillées : Jésus, Marie ! A-t-on jamais vu pareille « gaichotte» !... Eloge, dans leur bouche, au-dessus de tous les éloges. Elles s'en rapportaient, du prodige, à la protection miraculeuse de la Sainte Vierge et peut-être ne s'éloignaient-elles pas trop de la vérité, car la préservation du ciel était visible. Mais elles ne se disaient point, les braves femmes, que la grâce ne fait pas tout, cette théologie-là les dépassait d'un peu ; elles ne soupçonnaient point que la vertueuse Jeanne-Antide, à qui nulle vertu ne manquait, y mettait sa large part de coopération. Les vertus sont données pour cela et nous savons, nous, que la prudence, inestimable lumière qui couronne au-dedans les dons naturels de bon sens et de jugement et les porte à leur point de perfection, était et sera toujours une des vertus caractéristiques de Jeanne-

Antide dont tous les actes seront marqués au coin
de la sagesse.

Nature équilibrée, pondérée, toujours maîtresse
de sa pensée et de son élan, Jeanne-Antide ne jouera
point avec sa santé, pas plus qu'avec les deniers de
son père. Vive et prompte, toujours sur pied, ardente
à l'ouvrage, se donnant à tous et à tout, elle n'abusera
point pour autant de ses forces physiques ; modérant
son ardeur, elle saura les ménager, au contraire, sûr
moyen de leur faire rendre plus. Si elle ne recule pas
devant le coup de collier au besoin, sagement elle
évitera le surmenage, l'énervement, la vie fiévreuse,
feu de paille qui tombe et ne donne rien. En tout,
le juste milieu : ni trop peu, ni trop. Pas de lacune
ni de déficit, mais pas d'excès non plus : la mesure
voulue, la juste mesure. C'est la maxime des sages.

Grâce à ces principes d'ordre appliqués à une
intelligente économie de ses forces, et sans rien
perdre — loin de là ! — de son entrain à l'ouvrage,
Jeanne-Antide mettra ainsi en œuvre une activité
parfaitement réglée qui, dès lors, donnera son maximum. Tenant compte judicieusement des circonstances,
proportionnant l'effort à la charge, les moyens au
but — et c'est là proprement le sens de la mesure, —
aidée d'ailleurs puissamment par ses belles facultés
d'intelligence, son goût pour le travail et les choses
pratiques, la virtuosité remarquable de son savoir-
faire, elle arrive à s'acquitter journellement, non pas
sans fatigue, mais sans surcharge aucune et sans

accroc, avec une souple aisance, de tous les devoirs
de ses dures fonctions, des plus accablantes corvées
comme des plus épineuses difficultés, gardant toujours, quels que fussent les ennuis, une rare maîtrise
d'elle-même, dominant toujours sa tâche et jamais
écrasée par elle.

C'est l'idéal. Merveilleux ensemble de dons, et de
dons supérieurs, que ceux-là ! De telles natures sont
faites pour gouverner des mondes. Et c'est bien ce que
fera Jeanne-Antide.

En nous montrant ce que vaut et ce que peut l'ordre, en introduisant avec lui dans son ménage économie de temps, économie d'argent, économie de
forces, n'est-il pas vrai que Jeanne-Antide, modèle
accompli des jeunes filles et de toutes les maîtresses
de maison, nous donne déjà de savoureuses leçons
en un âge où d'ordinaire on n'a qu'à les recevoir,
sans même pouvoir toujours les comprendre.

Mais l'esprit de Dieu habite en elle ; mystérieusement il poursuit son dessein, et prévoyant son action
future sur les âmes, il l'initie de loin, dans son petit
coin de verdure, à ses hautes destinées.

C'est bien ce même esprit toujours qui la dirige
dans sa conduite envers les siens, pour recourir au
mot si juste de sœur Rosalie. Car Jeanne-Antide
détient non seulement l'administration, mais le gouvernement de la maison et il arrive, ce que personne
n'eût pu prévoir, que chacun, docilement, se laisse

conduire par elle. Vraiment, plus nous allons et plus nous admirons, et bien certainement aussi l'émerveillement du voisinage devant la transformation matérielle dont on avait à se féliciter si fort en la demeure de Jean-François Thouret, ne se comparait pas à l'étonnement suscité par la transformation morale.

Certes, ce n'était pas encore un Thabor, mais ce n'était plus un Calvaire. Il n'y avait plus de bourreaux, il n'y avait plus de victime, et Jeanne-Antide avait fini de gravir ses stations douloureuses. Finies de même les scènes tumultueuses d'autrefois. Au lieu d'un intérieur toujours chargé de tempêtes, traversé de cris, de discussions, de reproches, de bousculades, de gros mots, de coups et de taloches, l'incomparable douceur de Jeanne-Antide, sa patience inaltérable, la vive affection qu'elle inspirait, l'ascendant sans égal qu'elle exerçait par toutes ses qualités et sa vertu, et puis son doigté si sûr, ce don particulier qu'elle avait de prendre les âmes non de force mais de gré, avaient peu à peu dispersé les nuages, ramené la paix, épanoui les visages, dilaté les cœurs. Ce que dit dans ses Constitutions, à plusieurs reprises, la Bienheureuse Mère Thouret, avec un accent si pathétique, de cette « harmonie parfaite », de cette union pure et sainte qui doit régner entre les membres d'une famille, de cette « paix admirable qui fait le bonheur de l'homme sur la terre, cette paix douce après laquelle les cœurs soupirent avec ardeur », ne l'avait-elle pas appliqué, bien avant la lettre, à sa famille de la terre ?

A voir les tempéraments disparates et rebelles
qu'elle avait à manier, une tante Oudette sèche et
rêche, toujours là pour contrecarrer et rabrouer,
donner des ordres sur un ton de commandant en chef,
un oncle Nicolas, taciturne et bourru, adjudant de
sa sœur, les trois aînés Joachim, Jacques et Joseph,
robustes gars dont on ne faisait point façon comme on
voulait avec leur tête tenace de Comtois obstinés, le
père, homme de bien, rigide observateur du devoir et
avec qui ses fils avaient souvent maille à partir,
eût-on jamais espéré que Jeanne-Antide, hier encore
une fillette, aurait assez de prestige, de force d'âme,
de subtile adresse, pour ramener la paix entre gens
toujours en conflit, opérer l'union entre des natures
si dissociables et, de toutes ces discordances, faire une
harmonie ?

Ardu problème, qui fut résolu, Dieu aidant, avec
une perfection relative bien près d'être absolue et au
delà des espérances. Il faut dire que la jeune fille y
prit peine : ce fut l'œuvre de son cœur.

Jeanne-Antide, avec sa bonne et chaude affection,
si enveloppante, si vraie, s'occupait en toute solli-
citude de chacun des siens, suivant l'âge, les goûts,
les besoins, les caractères. Du meilleur de sa tendresse
elle veillait sur les petits : Pierre, le futur soldat de
la République, qui atteignait ses treize ans, Claude-
Antoine, de deux ans plus jeune, qui sera tanneur à
Sancey comme son père, et Jeanne-Barbe, la sœurette
de huit ans, entrée plus tard, au temps de la Révolution dans la Société de la Retraite, où Jeanne-Antide

viendra la rejoindre. Elle instruisait ces trois enfants
avec un soin spécial des choses de Dieu et de la religion ; elle leur enseignait à prier, comme elle savait
prier elle-même, comme elle priait naguère avec les
petits pâtres à la lisière des forêts ; elle les éloignait
de tout mal, les formait à la piété et au bien. Tous trois
restèrent ce que Jeanne-Antide les avait faits, nettement marqués de son empreinte.

Aux trois aînés, qui n'avaient guère reçu que l'empreinte de tante Oudette, ou, du moins, qui n'avaient
gardé que celle-là, caractères moins faciles, braves
cœurs pourtant et qui aimaient bien leur sœur,
Jeanne-Antide savait dire le mot qu'il faut, donner
le conseil qui convient, faire accepter la gronderie
affectueuse dont on a besoin. Elle réparait leurs fras-
ques, du mieux qu'elle pouvait, écartait les foudres
du père, et les trois jouvenceaux l'écoutaient et,
finalement, faisaient tout ce qu'elle disait.

Mais la conversion la plus surprenante ne fut-elle
pas celle de tante Oudette ? Tante Oudette était
méconnaissable. Plus d'incartades, de jérémiades,
d'intempestives algarades ; plus rien, pendant deux
bonnes années au moins, si ce n'est trois, de ces
emballements soudains, de ces bourrasques coléreuses
de vieille fille autoritaire, atrabilaire et criarde, qui
n'entend point raison, mais qui se donnerait volontiers
raison à la force du poignet. Tante Oudette était
complètement apaisée, pacifiée. Tante Oudette était
en admiration devant sa nièce, et même elle lui
obéissait en toute chose, sans mot dire, brebis docile.

La bonne Claude Labbe, si elle eût encore vécu,
n'eût pas manqué de crier au miracle, elle qui avait
tant souffert des criailleries de sa belle-sœur, miracle
en sens inverse, toutefois, de ceux du Sauveur qui
rendait, lui, la parole aux muets. Par surcroît, méta-
morphosé à son tour, l'oncle rébarbatif suivait en
dernier le mouvement, paisible et doux comme un
agneau.

Tous ces bizarres caractères étaient donc domptés,
et dans cette demeure jadis si tourmentée, régnait
bien cette douceur de paix si chère au cœur de Jeanne-
Antide et si éloquemment exaltée par elle. La douce
jeune fille avait bien mérité des siens ; ils lui devaient
les quelques années de bonheur qu'ils allaient goûter
avec elle, grâce à l'extraordinaire vertu de son dévouement. A qui voudra le bien connaître, ce dévouement filial et fraternel de Jeanne-Antide, avec tout
ce qu'il contient de générosité, de force, de vaillance,
de tendresse et de charme, il suffira de revenir aux
paroles toujours si bien inspirées de sœur Rosalie,
plus magnifiques que les plus belles louanges dans
leur concise simplicité, et si touchantes, non seulement
par ce qu'elles disent, mais plus encore par tout ce
qu'elles laissent entendre : « Elle était comme la mère
de ses frères, d'une jeune sœur, d'un oncle, d'une
tante et des domestiques, les assistant en santé et
en maladie. »

Tout un poème est dans ces mots. Oui, cette jeune
fille, cette enfant avait un cœur de mère dans sa

poitrine de vierge. Trait sublime qui éclaire toute sa vie, car ce n'est point une vaine appellation. Mère, elle le sera toujours, comme elle l'est ici pour les siens, même pour ceux qui l'ont tant fait souffrir. Elle le sera pour ses filles, et la plus aimante des mères, même pour celles qui la persécuteront et se dresseront contre elle. Mère, elle l'est par toutes les fibres de son cœur, par tous les dévouements, et il n'est pas de mot qui la définisse avec plus de profondeur. Est-il âme plus maternelle quand on suit de près son histoire ? Et qui ne l'admirerait, qui ne serait ému, dans les circonstances les plus tragiques de sa vie, quand on la voit porter si loin les délicatesses et les tendresses de sa maternité, si loin aussi ses sacrifices et ses douleurs, mais si haut, maintenant, ses grandeurs ?

L'APPEL DE DIEU

Le bon Jean-François se réjouissait de toutes ces
choses : un clair rayon de soleil brillait enfin dans sa
vie. Il ne se doutait point que le ciel menaçait de s'as-
sombrir et que le jour viendrait où un sacrifice déchi-
rant pour son cœur de père lui serait demandé —
bientôt peut-être — par sa fille chérie, âme de sa
maison.

Il n'y avait pas très longtemps, semble-t-il, que
Jeanne-Antide avait la direction du ménage depuis la
mort de sa mère quand, assez soudainement, sa résolution fut prise de quitter le monde et d'entrer
en religion. Femme de tête, s'il en fut, Mère Thouret
ne se détermina jamais à la légère, elle savait bien ce
qu'elle voulait ; et Comtoise de bonne race, ce qu'elle
voulait, elle le voulait bien. Jeanne-Antide, dès
l'enfance, se montrait déjà ce qu'elle sera plus tard.
D'où provenait donc une détermination si grave, si
vivement prise, si peu prévue et dont personne n'avait
encore le secret ? Il convient de l'exposer en détail
pour mieux marquer la conduite de Dieu sur elle.

Que Jeanne-Antide fût prédestinée à la vie religieuse, nul ne pouvait, à vrai dire, s'en étonner. Tout
ce qu'on remarquait ou devinait d'elle jusqu'ici, ses

aspirations, son goût pour la vie intérieure, sa piété,
sa patience à souffrir, son dévouement pour les siens,
sa charité pour tous, n'était-ce point l'indice manifeste
de la vocation, la marque de Dieu ? N'était-ce pas
la préparation lointaine ? Dès son temps de bergère,
il n'y avait qu'à la voir pour se rendre compte que
cette petite fleur des champs était une fleur de cloître.
Mais combien peu savent voir ! De son côté, Jeanne-
Antide ne disait rien de ce qui se passait en elle.

Et vraiment il ne paraît pas que Jeanne-Antide
elle même avant sa seizième année, malgré la perfection avec laquelle elle s'acquittait de tous ses devoirs, ait conçu distinctement la pensée d'entrer un
jour au couvent. Non que lui manquassent les exemples. La paroisse de Sancey, une des meilleures de la
montagne, donnait à Dieu bon nombre de ses enfants,
prêtres et religieux. Il n'était guère de familles qui
n'eussent quelqu'une de leurs filles, de leurs proches
parentes tout au moins, religieuse, ce dont elles ti-
raient grand honneur. Jeune fille ou enfant, Jeanne-
Antide avait dû en voir partir plus d'une, qu'elle
connaissait bien, ou chez les Ursulines de Clerval,
ou aux Hospitalières de Baume, ou dans ces nombreux
monastères de Besançon ouverts à toutes les aspirations du cœur, ou encore au loin, à Paris.

Quelle impression lui avaient laissée ces départs ?
Quelles émotions avaient-ils soulevées ? Sans doute
avait-elle envié la joie pure de ces vies si généreusement données, toutes de dévouement et de prière ?
Pouvait-elle ne pas les admirer ? Peut-être aussi se

jugeait-elle indigne, en sa profonde humilité, de les
suivre ? Découvrait-elle dans sa chétive santé un
insurmontable obstacle ? Les textes laissent plutôt
entendre que Jeanne-Antide ne songea point, ou
songea peu, à la vie religieuse tant que sa mère fut
de ce monde ; et ce n'était pas non plus le temps d'y
songer. Dieu a son heure et il a ses voies.

Une violente commotion de sa nature délicate qui
ignorait tout du mal, mais qui en côtoyait l'abîme,
bouleversa tout d'un coup son âme et changea le
cours de ses sentiments. Sœur Rosalie narre en
ces termes ce triste, mais décisif événement, qu'elle
place aussitôt après la mort de la mère.

« Elle courut, dit-elle de Jeanne-Antide, de grands
dangers pour son innocence : son père ne s'apercevant
pas qu'il avait une servante très immorale et voleuse,
parce qu'elle voilait sa mauvaise conduite en s'approchant souvent des sacrements de l'Église et, par là,
il la croyait honnête fille et bonne chrétienne, tandis
qu'elle était dans le plus affreux désordre et tendait
encore des pièges de perdition à sa fille. Mais elle eut
le bonheur de n'y pas correspondre et de résister
constamment. Elle n'aurait pas voulu faire le mal et
aussi, parce qu'elle avait des sentiments d'honneur,
elle n'aurait pas voulu s'avilir, mais elle n'osait pas
faire connaître cette servante à son père. Enfin, il
s'en aperçut lui-même et aussitôt il la congédia de sa
maison. La jeune Antide eut tant d'horreur de l'excès
du vice de cette misérable fille, et pénétrée de la plus

vive reconnaissance envers Dieu qui l'avait préservée
de tomber dans les écueils qu'elle lui avait tendus,
et sentant tant d'attraits et d'estime pour la sainte
vertu, qu'elle fit en secret vœu perpétuel à Dieu de
chasteté. Elle ne se repentit jamais de l'avoir fait ;
il lui servit d'un fort rempart contre les tentations du
monde et des démons pendant le cours de sa vie.
Depuis elle ne pensa plus que d'être entièrement à Dieu. »

Le doigt divin est là. Comment ne pas le reconnaître
dans les dispositions et les intentions particulières de
la Providence, dans les modalités de cette vocation
naissante qui n'obéit point aux lois d'une évolution
lente et régulière, mais se manifeste avec éclat, tout
d'un élan, soudain, victoire sereine de la pureté après
un drame troublant.

Le drame lui-même a sa grandeur. Le démon impur
dispute à Dieu la belle âme, l'âme vaillante de cette
jeune fille, innocente comme la chaste Suzanne et qui
remportera, comme Judith, des triomphes sur les
ennemis du Seigneur. Toutes les forces qui régissent le
monde moral sont en présence, s'affrontent : l'enfer
et le ciel, le monde et le cloître, le vice et la vertu,
l'appel de Dieu et l'appel de Satan.

Le dénouement est prompt.

Entre ces deux voix, entre ces forces adverses,
Jeanne-Antide, pas un instant n'hésitera. Un frémissement. Un cri du cœur. L'horreur du vice, l'élan vers
la pureté.

Son choix est fait, et non pas pour un temps, mais
définitif, irrévocable, éternel. Ce monde aux instincts

si pervers, la dégoûte : âme toute blanche, âme de lys,
pourrait-elle vivre dans ce cloaque ? Le cloître sera
son partage, le cloître, asile de sa pureté. Sous cette
horreur, dans ce dégoût, il lui apparaît, tel qu'il doit
apparaître aux nobles âmes et tel qu'il est pour elles,
comme une vision de radieuse beauté. C'est pour
Jeanne-Antide un jardin clos où fleurissent toutes les
plus belles vertus, où sa chasteté restera intacte, pas
même effleurée de scrupules impurs, où elle pourra
enfin, dans cette blancheur, vivre d'une vie divine,
vierge consacrée au Seigneur.

Et Jeanne-Antide, dans le secret de son cœur, ému
mais de reconnaissance, formule son vœu de chasteté.
C'était la réponse à Satan et la réponse à Dieu.

Dieu avait éprouvé sa servante ; mais, en la soute-
nant, il l'illuminait : il lui donnait, dans cette émou-
vante vision de la beauté du cloître, le sens, le vrai sens
et le plus haut, de la vie religieuse.

Vision sublime que celle-là, vision céleste, qui
prend les choses par ce qu'elles ont de plus élevé et
de plus pur, de plus irrésistiblement beau ! Elle ne
s'effacera plus de son esprit. Elle l'inspirera magnifiquement quand elle tracera pour ses filles les Constitutions qui régissent l'Institut des Sœurs de la Charité
de Besançon. C'est bien le même idéal, le même ravis-
sement dans cette contemplation de la beauté de la
vie religieuse qui du premier coup l'avait conquise ;
c'est encore la même joie de vivre de cette beauté,
de s'en nourrir comme les lys du Carmel, comme les

roses de Saron, quelles que soient les épines qui les enserrent parfois.

Même la rude loi du sacrifice n'aura pour elle que des charmes. Elle l'exalte. On dirait un cantique. Du service des pauvres le plus rebutant, des soins les plus pénibles à donner à leurs misères, à leurs ulcères, à leurs dégoûtantes maladies, soins « hideux », pour reprendre son mot, et trop souvent rendus à des gens hideux eux-mêmes, au cœur lâche, ingrat et vil, elle dira, bravant le dégoût et voyant toutes choses dans le rayonnement divin, elle s'écriera, comme d'autres grands saints, avec un de ces tressaillements qui ne sont plus de la terre : « Que cette fonction est belle, mes très chères sœurs ! Qu'elle est sublime et digne de la sainteté de notre vocation ! »

Magnifique épanouissement de la beauté morale dans une âme d'élite, que peut-on rêver de plus haut et de plus beau ?

Notons-la bien cette conception de la vie du cloître sous son aspect de surnaturelle beauté, car elle nous donne la clef, la clef d'or de la spiritualité de Mère Thouret, et le dernier mot de sa vie. Voyant d'où elle vient, où elle tend, nous saurons mieux les desseins de Dieu sur cette âme de prédilection.

Car si la vie religieuse s'était révélée à Jeanne-Antide sous ce séduisant aspect au jour où, pour la première fois, elle s'était présentée distinctement à elle, jour de l'appel divin, après la tentation de Satan et les pièges de l'infâme servante, si cette âme géné-

reuse et tendre avait cherché dans le cloître non pas
précisément la paix, non pas les douceurs de la contemplation, ni même la joie si vive de se dévouer
qui fut celle de tous ses instants, mais, au-dessus de
tout cela, et par delà toutes les vues intéressées, la
perfection la plus haute et la plus sainte de l'amour
de Dieu, l'amour sans un nuage, sans une tache, sans
une tare, sans rien du monde, l'amour avec tout le
resplendissement de sa sereine pureté, n'est-ce pas
que Dieu marquait déjà du signe d'élection sa destinée ? Et toute sa vie ira se développant dans ce
sens selon l'ordre providentiel, c'est-à-dire en confor-
mité de ses tendances natives que la grâce élèvera,
achèvera, mais ne détruira point.

Voilà pourquoi toute sa vie fut céleste, et si belle,
car c'est la beauté du ciel qu'elle avait mise dans sa vie.

Et comme cela répondait à toutes les aspirations de
son être !

Petite bergère, lorsqu'elle considérait la voûte bleue,
si haute, si bleue, elle trouvait déjà que le ciel était
beau. Elle se sentait ravie, émue d'admiration. Elle
ne le voyait encore que de l'orée des bois...

Mais au jour de l'appel, ah ! ce jour divin !
ce fut bien un autre frémissement ! Et c'était aussi
un autre ciel, un ciel autrement radieux et pur, bien
autrement profond, le ciel des anges d'où était parti
la voix de Dieu.

C'est ce ciel-là qu'elle avait mis dans son âme,
et qui fut son jardin clos, celui du Cantique des

Cantiques, ciel mystique dont son cœur n'a que trop gardé le secret, mais dont nous savons la splendeur et qui rayonne encore, dans son cloître même, de la belle lumière de ses hauts enseignements comme de l'attrait des plus saintes vertus.

A cela Dieu la prédestinait mystérieusement quand se déchaînait contre elle le démon d'impureté, et la vocation de Jeanne-Antide apparaît dès lors comme le nœud de sa vie.

Admirable sagesse de la Providence, qui marque toutes ses œuvres, même celles qui semblent les plus disparates, du sceau divin de l'unité. Admirable puissance aussi, qui du mal sait tirer le bien, même tout un monde de vertus et de bonnes œuvres, comme du néant elle tire les merveilles de l'univers. Surtout ineffable amour, qui récompense avec une si royale munificence le don de soi d'une humble fille qui n'a que son cœur à donner, mais un cœur pur, un cœur aimant, et qui simplement le donne, tout d'un élan, pour ne jamais le reprendre, heureuse de le donner, reconnaissante de pouvoir le donner.

Aussi, de l'inestimable grâce de la vocation, Jeanne-Antide ne cessera-t-elle, tant pour les autres que pour elle, de louer et d'exalter le Seigneur, de le bénir, et nul n'en parlera comme elle, avec des paroles de flamme.

A tous ces titres il importait de mettre en pleine lumière ce décisif événement de l'année 1782 dont toutes les perspectives de sa vie s'éclairent et qui laisse tant à admirer, à penser.

EN FAMILLE. — DANS LA PAROISSE
L'ASCENDANT DE LA PIÉTÉ

Ayant ainsi fixé irrévocablement le sens général de sa vie, prête à tout pour être religieuse, mais ne sachant pas encore à quel couvent frapper, ni même vers quelle congrégation s'orienter, Jeanne-Antide, moitié pour s'ouvrir de son projet, moitié pour demander conseil, s'en vint d'un pas résolu, à l'autre bout du village, trouver son excellente marraine, Jeanne-Antide Vestremayr, alors mariée à Pierre-François Prévôt, mais qui n'en restait pas moins pour sa filleule comme une seconde mère et la confidente de ses secrets.

« Marraine, je *voudrais* entrer au couvent : je VEUX être religieuse. »

La formule disait bien ce que voulait dire Jeanne-Antide et reflétait parfaitement son état d'esprit, comme de quelqu'un qui a son but, mais n'en voit pas les moyens.

Un peu surprise de cette brusque déclaration, tout à fait inattendue, la bonne marraine ne trouvait pas grand'chose à dire. Comtoise, elle aussi, et peu pressée d'édicter son jugement, elle parla quand même le langage de la sagesse :

« Ma fille, vous êtes trop jeune ; il faut attendre, prier et réfléchir. Puis vous êtes pauvre et vous n'avez pas le moyen de faire les frais nécessaires à votre vocation. Mais le bon Dieu ne laisse pas ceux qu'il appelle. »

C'était parler d'or : on ne pouvait tenir, en moins de mots, plus sensé discours. Il en ressort avant tout, et ceci mérite attention, que l'impression produite sur l'esprit de la marraine par cette confidence imprévue, allait nettement, franchement, en faveur de la vocation de sa filleule ; elle ne douta point que cette fraîche petite âme, si belle, si pure, si foncièrement bonne, ne fût de celles dont Dieu fait ses délices et qu'il se réserve pour lui.

Mais elle prévoyait bien des obstacles que l'on ne prévoit guère ou dont on s'embarrasse peu à l'âge de Jeanne-Antide. Y a-t-il des obstacles à seize ans ? Il était sage de réfléchir, de prier et d'attendre. Peut-être aussi l'excellente marraine n'avait-elle pas dit tout le fond de sa pensée. Mais on la devinait, et sa chère filleule, qu'elle appelait si maternellement sa fille, en savait assez pour retenir l'assurance qu'elle pouvait compter sur elle. Or, rien ne se pourrait faire sans l'assentiment, sans le patronage et sans l'aide effective de Jeanne-Antide Vestremayr dont le crédit était grand dans la famille Thouret et dans le pays.

Donc Jeanne-Antide attendit. Mais l'attente est longue à cet âge, surtout quand le cœur est si vivement saisi et que les yeux sont éblouis de si riantes perspectives d'avenir. Bien des fois, petite cramponnette,

la jeune fille revint trouver sa marraine qui calmait
son impatience et la réconfortait d'un bon conseil
affectueux. « Elle ne discontinuait pas de renouveler
son intention », au dire de Jeanne-Antide Vestremayr
elle-même, qui ne discontinuait pas non plus d'écouter
sa filleule sans se lasser jamais, mais sans hâter d'un
pas la solution.

Qu'attendait-elle ? Très sagement elle pensait,
ayant l'expérience de la vie, qu'il faut laisser les projets d'avenir subir l'épreuve du temps. Sait-on jamais?
Si jeune, on a si vite changé d'avis, oublié les plus
fermes résolutions. L'inconstance n'est-elle pas le
défaut le mieux vu des jeunes filles et le caprice, leur
miroir ? Si rien de tel vraiment n'était à craindre
pour Jeanne-Antide, encore convenait-il de s'assurer,
par un examen sérieusement conduit, de la sincérité
de cette vocation, ainsi qu'il est recommandé instamment aux parents ou à ceux qui les remplacent, dans
les livres de piété ; et pour obéir à ce devoir de conscience, sans doute la bonne marraine se fit-elle,
pendant tout ce temps, l'avocat, le très mauvais
avocat du diable.

Mais Jeanne-Antide tenait bon, ferme comme les
rocs de sa vallée. Sa résolution était prise ; elle avait
donné sa parole à Dieu, elle avait dit à sa marraine :
« Je veux » : toutes les puissances se seraient conju-
rées contre elle pour la contraindre de céder, qu'elles
n'eussent point forcé la place. Les Comtois ne rendent
pas leur parole, pas plus qu'ils ne se rendent eux-
mêmes. *Nenni, ma foi!* Et Jeanne-Antide n'était

pas seulement Comtoise, elle était de Sancey-le-Long,
et une Thouret. Le diable en personne aurait usé ses
cornes contre ce roc et, à essayer d'en faire façon, le
meilleur de ses avocats y eût perdu son latin.

La ténacité de Jeanne-Antide allait se heurter à
d'autres obstacles plus redoutables pour elle et contre
lesquels elle aurait à mettre en jeu toutes ses énergies.
Elle les prévoyait bien ; c'étaient les inévitables
luttes dans sa famille, avec son père, avec tous les
siens, et voilà justement ce qui effrayait un peu
Jeanne-Antide Vestremayr et la rendait hésitante ;
car, mieux que sa chère filleule dont la franche humilité tendait bien moins à exagérer ses mérites qu'à
les amoindrir à ses propres yeux, elle se rendait
compte à quel point cette parfaite jeune fille était
utile au père, non pas tant encore pour la tenue du
ménage que pour le maintien de la paix dans la
famille.

Durant ce temps, Jeanne-Antide priait, et confiante invinciblement, elle attendait son heure :
l'heure de Dieu. Il lui sembla que cette heure com-
mençait de sonner.

Le grand obstacle à la concorde dans la maison des
Thouret provenait de la mésintelligence qui régnait
toujours sourdement entre le père et les trois grands
fils, tous trois fort mal éduqués par tante Oudette.
Jeanne-Antide, ange de paix, empêchait les éclats ;
elle prévenait les heurts, rassérénait les fronts. Mais,
en dehors d'elle, les animosités n'allaient pas toujours

sans conflits, surtout du côté de Jean-Jacques et de
Jacques-Joseph, vigoureux gars de vingt-et-un et
de dix-neuf ans, dont les natures indomptées demandaient du large et se trouvaient mal à l'aise sous les
compressions du régime paternel.

Un souffle de liberté, précurseur des violentes tempêtes, passait alors sur les montagnes de la Franche-
Comté où pénétraient les écrits des philosophes,
comme il passait sur toute la France déjà secouée.
La guerre de l'Indépendance aux Etats-Unis avait
soulevé l'enthousiasme accru encore par les succès
des armes françaises. Les jeunes têtes s'échauffaient.
Joachim prêtait l'oreille aux idées des novateurs, en
futur révolutionnaire. Jean-Jacques et Jacques-Joseph
s'enflammaient plutôt de gloire militaire. Ils aimaient
à entendre aux veillées d'hiver où se tillait le chanvre
ou bien le dimanche au cabaret, l'invalide Claude
Lamy raconter ses exploits. Ils voyaient de loin en
loin, le soldat Jean-Claude Pescux, bientôt vétéran,
revenir au pays, arborant fièrement la livrée bleue
du roi : frisé, poudré, la queue à la cadenette, coiffé
du chapeau à trois cornes, vêtu de l'habit à parements
et à retroussis, galonné à foison sur les poches et les
coutures, et le ruban à l'épaule, quel merveilleux
soldat ! Et quel prestige, dans tout Sancey, de l'uni-
forme aux vives couleurs !

A Besançon, ils n'avaient pas non plus manqué de
voir, à certains jours, des tambours parcourir la ville
suivis de soldats qui portaient embrochés à leur épée
du pain blanc et des perdrix rôties afin d'allécher les

pauvres garçons. C'était le sergent racoleur qui enrôlait les recrues et promettait monts et merveilles : vingt-quatre onces de pain blanc et trois livres de viande par semaine, plus quatre sous par jour. Quatre sous ! C'était presque une fortune à Sancey-le-Long !

Tout cela tentait fort nos jeunes gars. A eux deux, sans rien dire à personne, ils complotèrent leur coup, et Jeanne-Antide apprit un beau soir, en même temps que le père et toute la famille, que les deux indisciplinables s'étaient enrôlés dans l'armée du roi.

Véhémente fut l'irritation de Jean-François Thouret ! Toutefois, peu expansif de nature, il se contint. Vainement Jeanne-Antide essaya-t-elle pour sa part de s'interposer : les engagements étant signés, il n'y avait plus rien à faire qu'à préparer le départ tout proche.

Elle ne perdit pas son temps, la bonne petite sœur, en récriminations, en reproches, en plaintes. Désolée au plus haut point de voir partir ses frères contre le gré de leur père, sur un coup de tête, elle s'inquiétait fort des dangers qu'ils allaient courir, surtout pour leur âme. Mais, elle se l'était bien promis, ils ne partiraient pas sans avoir mis ordre à leurs affaires avec Dieu d'abord, puis avec leur père : ils ne quitteraient pas le foyer de leur enfance en maudits.

Sachant atteindre au cœur, usant de tout son ascendant sur eux, doucement, par persuasion, elle les amena à se confesser, à communier ; mais avant de s'approcher de la table sainte, une fois réconciliés

avec Dieu, elle voulut qu'ils obtinssent du père leur
pardon.

Et l'on vit les deux rebelles, les deux prodigues,
ces jeunes hommes de haute taille et de belle prestance,
soldats superbes, mais natures indomptables, de ces
natures que l'on brise mais que l'on ne courbe pas,
céder en bons fils à la prière de leur sœur agenouillée
déjà, refouler enfin leur rancune, peut-être leurs
larmes, et ployer le genou gravement, chrétiennement,
filialement, devant le père pour obtenir sa bénédiction. N'est-elle pas touchante, cette petite Antide
au cœur si aimant, de ménager à tous de pareils adieux,
elle dont la tendresse arrive à temps, alors que sont
tombés tous les espoirs, pour reconstituer l'unité
brisée de la famille et mettre les fils repentants aux
pieds du père bénissant ?

Voilà des scènes comme on n'en voit plus, et cela
tient sans doute à bien des causes. Mais ne serait-ce
pas avant tout parce que les Jeanne-Antide manquent
par trop en France pour exercer autour d'elles leur
douce, leur salutaire influence qui opérerait des merveilles, pour resserrer, de tout le charme de leur affection, les liens de la famille, pour garder ou pour rendre les fils à leur père et le père à ses fils ?

Les deux soldats partirent, non pas comme des
maudits, mais avec les sourires de leur sœur, sourires
qui se mêlaient aux larmes, et les bonnes recomman-
dations de leur père. Mais en partant, ils eurent encore le mot d'ordre de Jeanne-Antide, qu'ils empor-
tèrent dans les lointains pays où il leur rappellerait

toujours leur devoir. En brèves paroles, fortement dites et qui étaient d'une vaillante, elle les adjura d'être toujours de « vrais soldats du roi », et non moins « de vrais soldats de Jésus-Christ qui les récompenserait éternellement ». Ce fut l'adieu de la petite sœur, l'adieu de Jeanne-Antide.

Eux partis, la tâche se simplifiait à la maison. Plus de causes de mésentente. D'autre part, le père avait dû restreindre son train de culture ; Joachim, sans doute, ne tarderait pas à se marier ; les enfants grandissaient, bien gentils, et déjà la petite sœur Jeanne-Barbe parvenait en âge de rendre de bons services ; enfin, tante Oudette, désormais apaisée, devenait très capable de prendre la direction du ménage. Sur quoi, les yeux toujours fixés vers le couvent, il paraissait bien à Jeanne-Antide qu'elle était libre maintenant, que Dieu venait providentiellement de lever tous les obstacles et qu'elle n'avait donc plus qu'à partir, elle aussi, pour le pays de son rêve.

De son dessein, la jeune fille n'avait rien dit jusqu'alors à son père. Ne lui fallait-il pas tout d'abord fixer son choix, connaître dans quelle congrégation elle entrerait, dans quelle maison ? Or, là-dessus, elle ne savait rien.

Mais comment savoir ?

Ici encore la Providence vint à son secours. Dans les premiers mois de 1785, le bon vieux curé de la paroisse, M. Ligier, achevait sa carrière, ou plus exactement ses jours, car sa carrière avait pris fin

beaucoup plus tôt. Impotent ou indolent, on ne
voit guère, en effet, que la paroisse ait, depuis de longues années, profité notablement de son ministère.
En tout cas, il n'avait été d'aucune aide pour Jeanne-
Antide qui n'avait même pu s'ouvrir à lui de sa vocation et restait abandonnée à elle seule, toujours
réduite à réfléchir, suivant le conseil de sa marraine,
et à prier. De sa réflexion, la pauvrette était loin
d'apercevoir le bout, ne connaissant absolument rien
des couvents. Du reste, ne sachant pas écrire, comment se fût-elle mise en rapport avec une supérieure?
Mais sa prière fut exaucée.

Le nouveau curé, Jacques Lambert, était bien
celui qu'il fallait pour remettre la paroisse en état et
sans doute avait-il été spécialement choisi dans cette
intention. Pieux, zélé, actif, éclairé, homme de bon
entendement et de bon conseil, il eut vite conquis
l'estime de tous. Prêtre instruit et éloquent, ses prônes étaient si fort goûtés, voire ses petits catéchismes,
que Jeanne-Antide « regrettait de n'être plus enfant
pour recevoir ses soins et ses instructions ». Vraiment
il apparaissait bien que la chrétienne paroisse de
Sancey avait cette fois non seulement un curé, mais
un pasteur, et selon le cœur de Dieu, formé entre tous
à l'image du bon Pasteur. Il sera pour les projets de
Jeanne-Antide du plus précieux secours et c'est lui,
dès qu'il en tiendra les fils, qui les fera aboutir.

Du premier coup, la confiance de la jeune fille fut
gagnée, une confiance sans réserve. « Elle lui fit une
confession générale, lui parlant, sans nommer per-

sonne, de ses peines à l'égard de ceux qui avaient tant fait souffrir sa pauvre mère. Il lui dit deux fois: «Votre mère est une sainte », mais elle n'osait lui faire aucune question. » Tableau charmant tracé par la plume si simple, mais toujours si juste de sœur Rosalie. De cette infinie délicatesse du sentiment dans l'ouverture de conscience, de cette exquise fraîcheur d'âme qui révèle tout le fond de son cœur, mais voile de tant de charité l'aveu de sa peine et se replie, discrète, timide, de peur d'être importune, devant son grand désir tout filial d'en savoir davantage au sujet de sa mère, comment le digne prêtre n'eût-il pas été touché?

Aussi lui réserva-t-il le meilleur de son estime. Tout de suite, il eut discerné l'exceptionnel mérite de sa jeune paroissienne qui faisait l'édification, et c'est trop peu dire, l'admiration de la paroisse. Il l'associa peu à peu à ses œuvres. Il lui confia l'entretien de l'église, la charge de veiller sur les objets du culte, de pourvoir au parfait état, à l'immaculée blancheur des linges sacrés, d'orner l'autel et de le parer de fleurs, humbles fleurettes des champs ou gerbes embaumées de son jardin. Elle était la grande organisatrice des fêtes et s'y entendait à ravir, heureuse de ces devoirs si doux et qui convenaient si bien à sa piété : à elle, l'angélique jeune fille, de coopérer de tout son zèle à la beauté de la maison du Seigneur et, en quelque manière, dans cette maison sainte, d'avoir soin du bon Dieu.

Jeanne-Antide exerçait ainsi l'office de sacristine avant l'heure, avant d'en tracer les règles. Elle n'y ménageait pas son temps : elle en trouvait pour tout ; et les jours où elle avait à se dépenser davantage, le bon curé aimait à la retenir à sa table pour lui épargner une fatigue et s'édifier lui-même.

Ils parlaient de Dieu ensemble, des choses de Dieu, et Jeanne-Antide en parlait si bien, elle était si entendue en tout ce qui regarde la religion, que le saint prêtre ne crut suivre inspiration plus sage que de lui donner à instruire les petits enfants, elle qui eût souhaité de redevenir petite enfant pour mieux s'instruire elle-même.

On devine ce qu'elle sut faire de ces petits, elle qui groupait déjà autour d'elle la bande des jeunes bergers dans les herbages et les faisait si bien prier avec elle, elle qui se montrait une maman très tendre et si aimée, si parfaitement obéie, pour ses frères cadets, pour sa sœur Barbe, pour tous les siens. De son mieux, elle les catéchisait, ouvrait leur esprit aux vérités de la foi, à la doctrine de l'Église dont elle était toute pénétrée et qu'elle défendra dix ans plus tard devant les hommes de la Révolution ; de toute sa flamme ardente, mais contenue, elle leur parlait du bon Dieu, comme il faut en parler à ces petits, avec le langage des mères, le langage du cœur ; elle leur apprenait à aimer Jésus, leur Sauveur et Seigneur, à le servir généreusement, fidèlement, en bons petits chrétiens.

Jeanne-Antide eut toujours le don incomparable d'attirer à elle les enfants, comme le Maître les attirait, évidemment par le charme de sa vertu reflété sur tous ses traits. Nous savons ce que furent ces catéchismes où elle fit ses premières armes, où elle se préparait à un apostolat plus grand et plus fécond, car le souvenir s'en est perpétué dans le pays : elle enchantait ces simples petites âmes qui ne se lassaient pas de l'entendre, peu habituées à de pareils discours, et qui seraient bien allées au bout du monde pour suivre Jeanne-Antide et l'écouter encore...

Ravi des résultats, le bon curé voulait davantage. Les œuvres de jeunesse attiraient surtout son attention ; il y consacrait le meilleur de ses efforts. En quoi son zèle était clairvoyant.

Un très inquiétant état d'esprit se manifestait partout alors, surtout chez les jeunes : nous en avons vu des effets troublants dans la famille Thouret. A travers les Franches Montagnes, des pamphlets immondes, sous le manteau des colporteurs, circulaient. L'irréligion gagnait de proche en proche. Le respect pour les choses les plus saintes, les plus sacrées, pour les dogmes du christianisme comme pour tout ce qui était tradition, autorité, loi morale, s'en allait, cependant que retentissaient jusqu'au fond des vallées, sous les bardeaux des fermes les plus isolées, les échos du rire de Voltaire.

Les mots de liberté, d'égalité, mis en cours par Jean-Jacques Rousseau, exerçaient une action prestigieuse. Les cabarets étaient remplis, ils se multipliaient. Les fortes têtes du pays entamaient des discussions insidieuses, parfois bruyantes, et le mot

d'ordre leur venait des membres les plus actifs et les
plus influents de la bourgeoisie, jeunes médecins, jeunes notaires, jeunes avocats, jeunes journalistes,
propagateurs des idées nouvelles qui feront cinq ans
plus tard — cinq ans, pas plus, — la Révolution.

La démoralisation s'étendait, mal contagieux, per-
fide ; elle s'affichait chez les jeunes gens. Bien des
jeunes filles, comme la servante éhontée de Jean-
François, étaient gangrenées déjà : à tout prix, il importait de préserver les autres.

L'heure était grave. Car il ne s'agissait de rien moins
que de sauver le pays, et non seulement les mœurs,
mais la vieille foi des montagnes, notre sainte religion elle-même que tout ébranlait. Où chercher, à
qui demander le remède? Le zèle clairvoyant du curé
avait bien vu que le salut pouvait venir, pour une
bonne part, sinon pour la principale part, des jeunes
filles ; aussi en était-il venu à l'idée d'organiser jusqu'à un certain point, tout au moins de grouper leur
action dans ce but, et tout naturellement il avait
songé aussitôt à Jeanne-Antide pour cette mission
d'ange gardien, mission également de salubrité, dont
elle était digne, elle, l'inspiratrice de tous les bons
sentiments et dont la vue seule animait la piété, inspirait la pureté.

Salutaire pensée du zélé pasteur qui en recueillera
les fruits. Mais, en ce qui a trait à l'histoire de notre
Bienheureuse, l'intérêt de ce petit mouvement pa-
roissial, si curieux soit-il par lui-même et pour le
temps, vient surtout de ce qu'il se rattache au grand

mouvement de réaction religieuse suscité chez les « montagnons » par un apôtre aux vertus héroïques dont l'influence atteignit l'âme de Jeanne-Antide et dont le nom sera un jour inséparable du sien. Il importe de mettre ce rôle en pleine lumière.

En ce temps-là, tandis que les missionnaires de Beaupré, partout sur la brèche, luttaient de toutes leurs armes contre le mal sous toutes ses formes, multipliaient les missions, démasquaient l'incrédulité, à l'exemple de M. Humbert, une de leurs gloires, rendaient aux jeunes gens leur vigueur chrétienne, comme M. Courtot, de Sancey, et partout pacifiaient ou relevaient les cœurs, là-haut dans la montagne, retentissait la voix puissante, la voix terrible d'un homme qui avait pourtant la douceur d'un agneau et qui faisait entendre le rugissement du lion, le vénérable, le saint abbé Receveur.

Dans sa solitude des Fontenelles, il prêchait la pénitence, comme Jean-Baptiste dans son désert, et les foules venaient à lui pour se nourrir de sa parole de vie et pour se convertir à sa voix. Contre les vices dont il était témoin, contre l'impiété qui se donnait carrière jusque dans le saint lieu, il tonnait de toute sa force, vigoureux, éloquent, pathétique, empoignant, superbe. Et ce faisant, il se créait des ennemis qui lui envoyaient des balles dans l'ombre, de terribles ennemis ; car l'homme de Dieu ne regardait pas qui se rencontrait sur sa route : il prenait le mal corps à corps, à la gorge, il le terrassait, il le jugulait,

quand il ne l'avait pas déjà foudroyé, impitoyable
aux malfaiteurs.

Son nom courait toute la montagne. On ne parlait
que de sa sainteté. Lui-même donnait au loin des missions ou plutôt des retraites, et les foules s'y pressaient
avides d'entendre, subjuguées par cette éloquence
aux fougueux élans qui faisait jaillir les larmes ou
qui broyait les cœurs, frémissantes devant les tableaux
de la mort, de l'enfer, du jugement, tressaillantes sous
les éclairs, pareils à ceux du Sinaï, de cette parole
impétueuse qui semblait sortir de l'au-delà, hale-
tantes sous les coups droits portés comme par une
main de géant à l'impiété naissante ; puis, longtemps
après, vivant encore de ces souvenirs, de ces commo-
tions toujours profondes, et gardant une admiration
émue pour cette belle et franche nature qui ne tran-
sigeait pas avec le mal, qui ne pactisait pas avec
l'erreur, un peu fruste, sans doute, mais si généreuse
et taillée dans la loyauté même, nature droite comme
une épée, mais comme elle, tout d'une pièce, comme
elle vaillante, mais tranchante, véritable glaive du
Seigneur et, contre les hypocrisies du monde ou les
œuvres de Satan, contre les ennemis de Dieu et les
blasphémateurs quels qu'ils fussent, glaive étincelant,
glaive exterminateur.

Et pourtant ce prêtre à l'âme si ardente, guerroyante
que consumait le zèle de la maison du Seigneur, n'avait
que des paroles de douceur, de tendresse pour les
pécheurs repentants. Il était l'ami des enfants, l'ami
des pauvres, le bon Samaritain au chevet des malades,

le père de tous. Il soulageait toutes les misères, il consolait toutes les souffrances. Rude à lui-même, il ne témoignait que bonté pour les autres. Il était toute bonté, comme sont les saints, bonté très tendre jusqu'à en être attendrissante, empreinte, nuancée de toutes les délicatesses, comme la douce charité du Maître.

Mais pour cela même, parce qu'il était bon et tendre, parce qu'il avait dans le cœur toutes les sensibilités de l'amour divin porté à un si éminent degré, le mal le révoltait, la méchanceté des hommes l'indignait. Il souffrait de tout ce qu'il voyait d'abominations et d'impiétés, de tout ce qu'il prévoyait pour un proche avenir. Il en souffrait pour Dieu, il lui semblait sentir au dedans de lui la colère de Dieu prête à frapper, et lui-même, prêtre d'un Dieu insulté, trahi, attaqué, il était là, comme le Christ son maître et son modèle, pour le défendre, pour chasser, fouet en main et l'indignation au visage, les profanateurs du Temple, vengeur des droits de Dieu, vengeur de la sainteté de Dieu.

Tel était l'homme extraordinaire que le curé de Sancey, son condisciple, son ami, son admirateur, proposait à la vénération de ses paroissiens, dont il suivait lui-même les inspirations pour mieux conduire ses ouailles dans les voies du salut et dont Jeanne-Antide, depuis longtemps déjà, entendait parler avec un croissant enthousiasme, non seulement au presbytère ou par la rumeur publique, mais par plusieurs de ses amies qui connaissaient ce grand serviteur de Dieu.

Elle aussi aurait bien voulu le connaître et recevoir ses saints avis ! Mais quel étonnement eût été le sien si, à travers une déchirure du voile qui nous cache l'avenir, elle eût reconnu dans cet héroïque apôtre du Christ, digne des premiers temps chrétiens, le père de son âme à qui elle confierait pour quelque temps sa vie, qu'elle suivrait à travers tous les dangers, avec qui elle aurait à subir les plus terribles épreuves, à vivre les heures les plus tragiques de son existence, dans l'exil, la persécution, les privations de toute sorte, le dépouillement de tout, la misère noire, sous les menaces du lendemain et avec le spectacle perpétuel de la mort devant les yeux, tous deux victimes innocentes, victimes pitoyables de la Révolution, et tous deux souffrant ces maux avec la même inaltérable patience, avec la même édifiante charité.

Il convenait, à ce moment de la vie de Jeanne-Antide où pénètrent jusqu'à elle les premières influences de sainteté du Vénérable Receveur, de mettre en regard ces deux physionomies si belles, que l'on a trop séparées jusqu'ici alors que tout les rapproche, de caractère apparemment opposé, il est vrai, et qui semblent au premier abord n'avoir rien de commun, mais tout de même apparentées de près et n'offrant, sur écran surnaturel, que traits semblables : l'une, celle de la future servante des pauvres, toute de douceur au dehors, toute de vaillance au dedans ; l'autre, celle de l'intrépide lutteur, toute de vaillance au dehors, toute de douceur au dedans : le *suaviter* et le *fortiter* à des plans différents, mais se fondant dans la même vertu pour se confondre dans le rayonnement d'un même héroïsme.

Et tous deux auront encore ceci de commun qu'ils doteront l'un et l'autre d'une congrégation religieuse le diocèse de Besançon dont ils seront, pour les temps nouveaux, les deux gloires les plus éclatantes.

A cette date de 1785, l'influence spirituelle de l'abbé Receveur était grande. Aux missions données par lui précédemment à Maîche, au Russey, à Vellevans, à Chamesey, à Rosureux, à Vercel, à Plaimbois-du-Miroir et autres lieux et qui avaient eu un si puissant retentissement, bien des personnes de Sancey s'étaient rendues pieusement pour apprendre à méditer, à réfléchir en silence sur les vérités du salut, car c'était là sa manière à lui de donner sous forme de retraites ses missions, et avec un tel succès qu'un grand nombre de familles adoptèrent cette salutaire pratique et qu'on voyait de petits bergers, à genoux, faire la méditation au pied d'un arbre auquel ils avaient attaché une image. Comment ne pas songer à notre petite Antide méditant, sa houlette à la main, à la lisière de sa forêt ? Maintenant, plus que jamais, elle écoutait, attentive, tout ce qu'on rapportait de ces retraites, de cette manière de méditer, et nul doute que dans la solitude de sa chambrette à l'heure de son oraison ou même à son travail, elle n'en ait profité, si même cette pratique assidue de la méditation qui fut sienne dès un âge assez tendre ne trouve point là, — car, autrement, où la trouver ? — sa naturelle explication.

Il y a plus. Pour mieux assurer les fruits de salut dans les âmes, l'homme de Dieu, toujours en quête de perfection, avait eu l'idée d'organiser à lui seul, aux Fontenelles, des retraites fermées où il donnait à des groupes de jeunes gens, de jeunes filles, de pères ou de mères de famille, les exercices spirituels suivant la méthode de saint Ignace telle que lui-même l'avait vu pratiquer au collège de Besançon. On y venait de très loin, à ces retraites des Fontenelles, données dans une grange décorée de verdure ou dans une salle du presbytère ornée de devises saisissantes, et des prodiges de transformation morale s'opéraient. En mai de cette même année 1785, plus de trois mille retraitants et retraitantes des mois précédents s'étaient trouvés réunis pour une réunion générale dans une procession superbe.

Ce n'était pourtant pas une dévotion à l'eau de rose, celle dont l'abbé Receveur se faisait l'apôtre. Il allait, comme saint Ignace, au tréfonds, au « fondement » : *Eternité!* La pensée de la mort, il la faisait entrer, de gré ou de force, au fin fond de l'esprit. Et cela fait, il prêchait la croix, le détachement du monde, la pauvreté, la souffrance, le sacrifice volontaire dont il disait les grands biens, pour revenir encore à la croix, source de toute grâce et de toute consolation. *Tout par la croix!* C'était la devise de son cœur et celle aussi de ses retraitants.

Le curé de Sancey, l'abbé Lambert, avait l'âme trop sacerdotale pour ne pas saisir pleinement la portée de ces retraites et ne pas les favoriser de tout son pouvoir. Plusieurs jeunes filles de sa paroisse dont les noms sont restés aux archives du couvent des Fontenelles, avaient suivi ces exercices. Elles en étaient revenues avec un vif désir de perfection. Elles propageaient, en racontant tout ce qu'elles avaient entendu et vu, les pensées profondes qui les avaient frappées. Jeanne-Antide s'en pénétrait à son tour et l'on retrouverait aisément, dans une étude suivie de sa spiritualité, ces mêmes pensées qui reviennent comme des voix intérieures qu'elle a toujours ouïes et qui dirigent sa marche vers le ciel.

Tous ces détails, il incombe à l'historien de les relever avec soin, même avec minutie, si l'on veut entrer dans le secret de la vie de la Bienheureuse et dans les vues de Dieu sur elle. Ils ont d'ailleurs leur importance immédiate. Ils vont servir à nous révéler, mieux que tout, en quelle estime était tenue Jeanne-Antide par toutes ses compagnes et quel ascendant exerçait sur elles sa piété, et même sur le pasteur qui avait le soin de son âme.

Les bonnes jeunes filles revenues des Fontenelles avec le plus sincère désir de mettre à profit les instructions reçues, d'en faire la règle de leur vie, leur vie même, en pratiquant toutes les vertus qui sont de leur âge et qui en sont le charme, demandaient à M. le curé sa direction. Le bon curé jugea l'occasion excellente pour les grouper autour de Jeanne-Antide et, après lui avoir confié les enfants, lui confier encore les jeunes filles de la paroisse. Pouvaient-elles être en meilleures mains ? Elles auraient tout à la fois, de cette sainte jeune fille, les conseils et l'exemple.

Les pieuses compagnes de Jeanne-Antide ne se firent point prier. Elles accoururent, plus vite encore qu'elles n'avaient pris le chemin des Fontenelles ; d'autres aussi avec elles ; et tout uniment, tout joyeusement :

« Monsieur le Curé nous a dit de rechercher votre compagnie, de vous prier de nous instruire des devoirs de notre religion, de la vertu, et que nous suivions vos exemples. »

On y va simplement à la campagne, et non point par quatre chemins ; les cœurs se comprennent. Mais que de choses dans ces mots ! Toutefois c'en était trop, beaucoup trop, pour l'humilité de Jeanne-Antide ; sa modestie s'effaroucha. Le témoignage de confiance et d'estime qui lui était donné, surtout par le vénéré pasteur de la paroisse, lui pesait, lui causait une souffrance : « C'était pour elle une peine secrète, relate sœur Rosalie, parce qu'elle craignait qu'il ne la connût pas assez, qu'il ne la jugeât trop favorablement, tandis que peut-être Dieu n'était pas content, l'ayant tant offensé ; craignant encore que l'estime et les louanges ne fussent sa récompense pour ce qu'elle pouvait faire de bien. »

L'aimable jeune fille ! Rien mieux que cette infinie délicatesse d'âme, mieux que le parfum de cette humble violette, ne témoignait qu'elle était parfaitement digne de la mission qui lui était confiée pour le bien de toutes. A merveille, elle s'en acquitta. A ces jeunes filles de bon vouloir, de tendances généreuses, elle communiqua son horreur de tout mal, de la moindre faute, son invincible attachement au devoir, son amour de tout ce qui tend vers Dieu, de tout ce qui est pur ; elle leur transfusa son zèle ardent pour la religion, sa belle vaillance, sa charité. Elle les formait à son image, elle les marquait de son empreinte, elle faisait passer dans le leur son cœur débordant.

Et l'empreinte restera. Ni ses exemples, ni ses enseignements ne seront perdus. Quand viendront les heures troublées de la Révolution, les heures sanglantes, on les reconnaîtra entre toutes, les jeunes filles de Sancey formées à l'école de Jeanne-Antide. Il faudra la force armée pour qu'on touche à leur église, pour qu'on installe l'intrus Vernier dans la paroisse ; mais avant cela, fourches en main, elles l'auront expulsé de leur village, le défroqué, le renégat : poursuivi en une course éperdue à travers prés et bois, bientôt rejoint, toutes fourches dans les reins, honteusement elles le feront passer — c'est le cas de le dire — sous les Fourches Caudines.

Plus tard, plusieurs d'entre elles suivront leur sainte amie dans le cloître. Les autres resteront à Sancey ou dans le voisinage pour fonder des familles chrétiennes et redire à leurs enfants les louanges de Jeanne-Antide.

Alors, elles n'étaient point seules non plus à les dire, ces louanges ! Parents eux-mêmes, et tout le monde à Sancey, respiraient le charme. Comment s'en défendre ? Tous ces braves gens admiraient leur Antide — et c'était dûment leur droit et elle-même le méritait bien — leur petite Antide qu'ils avaient vue grandir gentillette et si sage, qu'ils considéraient maintenant comme la jeune fille accomplie sous tous rapports, l'honneur de la paroisse, enviée de toutes pour son irréprochable perfection, sans ombre de défaut, et modèle de vertu si aimable dans toute la fleur de ses dix-huit ans. Ils en étaient fiers, et au loin, et ils faisaient plus que l'aimer, ils la vénéraient.

De tout ceci, les témoignages nous restent. « Jeanne-Antide Thouret était une perfection, déclare une de ses premières compagnes. Tout dans sa personne respirait la vertu. Quand elle passait dans les rues, on se plaisait à la regarder. Sa démarche était noble, son maintien gracieux, son regard modeste. On aurait dit la sainte Vierge dans les rues de Jérusalem. Les jeunes filles s'estimaient heureuses quand elles pouvaient l'approcher et moi-même je l'entretenais avec bonheur. Je retirais de sa conversation pleine d'attraits un grand bien pour mon âme. »

Aussi, quand partira pour le couvent leur chère Antide, il lui faudra quitter de nuit sa maison, son village, pour se soustraire aux effusions trop émouvantes, aux larmes de tous.

Est-il plus éloquent, plus décisif témoignage que celui-là ?

LA LUTTE ENGAGÉE. — LE DÉPART

Jeanne-Antide, pendant ce temps, gardait avec une tenace fidélité son désir d'entrer en religion, plus véhément que jamais. L'attente même redoublait le désir et il lui semblait, dans sa hâte de franchir le seuil du couvent, d'habiter la maison du Seigneur, que ce temps béni n'arriverait jamais.

N'en était-elle pas toujours au même point de sa vocation, au point mort ? Le temps marchait ; mais rien ne se décidait, rien même ne se dégageait de ce qui devait faire aboutir son projet. Elle avait suivi le conseil donné. Elle avait attendu, mais ne voyait rien venir. Elle avait prié, prié de toutes les ardeurs de son âme, et sa prière n'était pas exaucée. Elle avait bien réfléchi, de plus en plus elle réfléchissait, mais sa pensée restait flottante dans le noir. A quelle vie Dieu l'appelait-il ? A la vie contemplative ou à la vie active ? Serait-elle hospitalière ou carmélite ? Elle ne savait. La voici loin du jour où elle était accourue auprès de sa bonne marraine pour lui annoncer, joyeuse, sa détermination, persuadée que les portes du couvent allaient s'ouvrir tout de suite, et toutes seules. Trois longues et dures années avaient passé, et rien n'était ni plus clair ni plus avancé qu'au premier jour.

C'est que Dieu n'agit point par révolutions ; les coups de théâtre ne rentrent point dans ses plans éternels. Il a fixé aux choses leur cours : elles le suivent, plus rapides les unes, plus lentes les autres, et les œuvres fécondes sont toujours marquées de la consécration du temps. En une nuit les fleurs éclosent : il faut aux fruits une saison pour mûrir.

De la grâce de la vocation, qui est la grâce des grâces, germe divin de tant de grâces, ainsi en est-il selon les lois concordantes de la surnature. La vocation, Dieu nous la donne avec tous moyens de la conduire à terme ; mais, cela fait, la constance de notre vocation est de nous, laissée à notre liberté, et c'est notre constance que Dieu se plaît à mettre à l'épreuve de la durée, entre l'instant précis de l'appel divin et le moment où, enfin, l'on peut dire au Seigneur sous son toit : « Seigneur, vous m'avez appelé : me voici, je suis vôtre ».

Cette inébranlable fermeté, d'ailleurs si méritoire, dans la résolution prise, par quoi la vocation prend consistance et son point de maturité, Jeanne-Antide l'avait aussi souveraine que l'on peut penser. Pas la plus minime tentation de découragement à vaincre. Seulement, son cœur souffrait de ces délais infinis, surtout de l'obscurité, de l'incertitude, et finalement elle s'en remit à l'idée d'affronter la lutte et, avec l'aide de Dieu, d'aboutir.

Sa bonne marraine étant là pour la seconder, peut-être même pour assumer le premier rôle, l'obstinée filleule revint, plus pressante, à la charge. « Patience, répéta encore la sage conseillère, très patiente elle-même à redire ce mot : le moment viendra bien. » Patience ! Jeanne-Antide elle aussi disait : Patience ; et non contente de dire, elle pratiquait au mieux cette solide vertu ; mais sa patience à elle était une patience agissante, vertu des forts, qui ressemblait de très loin à l'expectante patience de la marraine. Épreuves, contradictions, souffrances, elle supportait tout cela, tout l'inévitable, résignée en son cœur à tout supporter et toujours, si tel était le décret du ciel à son égard ; elle prenait bien les choses comme Dieu les envoyait, avec un abandon entier à son bon vouloir, mais non pas toutefois pour se croiser les bras devant les difficultés et ne pas essayer d'en sortir. Dieu demanderait-il à ses créatures d'être inertes ?

Un appui lui restait en dehors de sa marraine, un seul, mais plus sûr, celui-là, pensait-elle, et tout indiqué, celui de son directeur, M. Lambert. Comme alors elle éprouvait en elle une vive tendance vers un genre de vie austère, ou, comme le marque sa tante, « de fortes inclinations pour le genre de vie la plus austère », mais toutefois aussi un vif désir « d'être utile aux pauvres », elle estima le moment venu de s'en ouvrir en confession au bon curé et de le faire juge entre ces deux voies. Vraisemblablement, tout ce que Jeanne-Antide avait entendu dire des austé-rités de l'abbé Receveur ou encore des macérations et des sacrifices effrayants pour la nature que l'on pratiquait si généreusement, héroïquement, dans la Congrégation fondée depuis peu par le saint prêtre, l'avait prédisposée à rechercher ce genre de vie et lui avait inspiré le désir d'entrer dans la congrégation de la Retraite où d'ailleurs aucune dot n'était requise. Sur ce point, trouvant l'idée bonne, elle attendait lumière et encouragement.

La réponse du directeur, nette, brève, sèche, fut, pour le premier chef, « qu'il ne trouvait point convenable qu'elle choisît une vie austère » et pour le second, à savoir le service des pauvres, « qu'il valait mieux qu'elle restât dans sa famille pour édifier ». La pauvre Jeanne-Antide vit sans doute dans ce verdict expéditif l'expression de la volonté de Dieu, mais il était bien dur pour elle : toutes ses espérances s'écroulaient à la fois et, du même coup, elle éprouvait le sentiment qu'elle ne pourrait compter sur l'appui, tant espéré et absolument nécessaire, de son curé. Aux obstacles déjà si grands s'ajoutaient par là d'autres obstacles non moins grands.

Que lui restait-il maintenant ? Dieu seul.

Elle ne perdit point pour cela courage, l'intrépide enfant. Bien au contraire. Elle redoubla seulement de confiance, se cramponnant au ciel par la prière et résolue, à force de jeûnes et d'aumônes, à faire violence à Dieu. Nous lisons bien le texte de sœur Rosalie: « Elle continua, est-il dit, à consulter le Seigneur PAR la prière, le jeûne et l'aumône. » La lutte, si mal engagée, elle la reprendrait plus tard : son tour viendrait.

Dès lors, et toujours en vue de connaître sa voie, d'assurer sa vocation, elle s'adonne tout entière, autant que le train de la maison le lui permet, aux œuvres de miséricorde : elle cherche la lumière par la charité.

Et comment ne l'eût-elle pas enfin trouvée, la lumière ? Comment Dieu aurait-il pu laisser dans l'angoisse sa petite servante, quand on voit avec quel cœur et quelle bonne grâce, de quelles chaudes et réconfortantes paroles, elle accueille, sur l'huis de sa porte, les pauvres du Seigneur ?

C'étaient, en ce temps-là, de bons mendiants qui sillonnaient les routes en Franche-Comté ou se pressaient aux portes. Ils ne jetaient pas des regards d'envie sur ceux qui possèdent, ils n'avaient pas des mots de colère et de haine contre ceux qui donnent, ils ne regardaient pas la charité comme une injure. Leur misère, ils la portaient avec résignation, et grâce aux aumônes chrétiennement faites et qui ne manquaient point, ils vivaient quand même, contents de leur sort.

Chaque village des montagnes avait ses pauvres en quelque sorte attitrés, qui venaient à jour fixe dans les maisons, porteurs de besaces, de bourriches, ou, comme certaines vieilles trop cassées, trop lourdement appuyées sur leur bâton, ne disposant que des vastes poches de leur tablier. Jeanne-Antide était connue au loin, très loin, pour sa douce et compatissante bonté : c'était une fête pour ces bons vieux, pour ces bonnes vieilles, de venir tendre la main chez elle. Ils venaient comme à une petite reine de charité, qui avait de si jolis sourires pour eux, de ces regards si bons qui pénétraient jusqu'à l'âme et qui les réchauffaient pour de longs jours. Elle était si froide, leur âme, si glacée, les autres jours !

Ils venaient, et Jeanne-Antide les voyait venir avec joie, les vieilles avec leur maigre visage ridé, plissé, les vieux avec leur barbe de fleuve, leur bâton noueux qui les portait mal, leur besace déjà gonflée, tous pittoresquement affublés de leur mosaïque de haillons. Une misère. Ils s'arrêtaient sur le seuil, tandis que doucement la porte s'ouvrait ; ils récitaient pour les habitants du logis leur *Notre père*, un *Je vous salue, Marie*, puis, devant Jeanne-Antide, affable, qui attendait, les vieux mendiants relevaient leur front courbé, sans mot dire, ouvrant tout grands, tout clairs, sous leurs sourcils épais, hirsutes, leurs bons yeux pleins de ciel.

Comment n'avoir pas pitié ? Et la jeune fille, gentiment, les invitait, suivant les formules en usage et dans leur langue, avec cet accent comtois qui donne tant de saveur, parfois, à l'expression : *Ça vó, Jeannot? Ça vó, Ninotte? Entrâ don*. Et ils entraient, respectueux, reconnaissants, tout réjouis. Jeanne-Antide allait droit à la maie dont elle écartait prestement le couvercle, taillait dans la miche entamée un large morceau de bon pain bis, glissait un œuf, ajoutait quelquefois des fruits, prunes, pommes, noix, un « gressot de gaudes » ; et si ce jour-là était jour de fournée, bien vite elle découpait une belle tranche de

gâteau tout frais, ce savoureux gâteau de la montagne
fait de simple pâte, doré d'un peu de beurre, sau-
poudré d'un grain de sel, et néanmoins friand, cro-
quant. Gâteau de roi pour ces pauvres vieux. De bonnes paroles s'échangeaient, cordiales, de part et d'autre. Vieux et vieilles se retiraient, voûtés, cassés,
mais radieux, ragaillardis : dans l'aumône charitable,
ils avaient senti le cœur qui donne, qui se donne, et
ils saluaient très bas, disant : « Dieu vous le rende en
son saint Paradis ! »

Certes, Dieu l'a rendu, et au delà de tous les
vœux. Mais, pour en revenir au mot de telle brave
femme qui avait le sens de la justice et le sens des
choses de Dieu, pouvait-il faire autrement ? Comment
n'eût-il pas été touché lui-même de cette charité
douce et simple, profonde et vraie, où se révèle sous
un aspect nouveau l'âme incomparablement bonne,
tendre, secourable à tous, de Jeanne-Antide ? Charité
de rare essence que celle-là, aux infinies délicatesses :
magnanime charité, si gracieuse par la manière, si
noble par le sentiment, si haute par la pensée, qui ne
voit, dans ces malheureux couverts de loques, rebut
du monde, pitoyables créatures, mais hommes comme
nous, chrétiens comme nous, que les pauvres du Christ,
ses frères préférés ; bien plus, qui les accueille comme
le Christ lui-même, avec respect, avec amour, et les
traite avec honneur, ayant peu à donner, mais
donnant du meilleur de son bien et du meilleur
de soi, avec ce rayon de bonté qui transforme

le don et qui fait du moindre verre d'eau, du simple morceau de pain, un présent du cœur.

Elle aurait voulu toujours donner, l'aimable et sainte jeune fille, toujours, avec sa grande âme, venir en aide aux besoins. Et toujours aussi, malgré la modicité de ses ressources, la pauvreté qui la pressait elle-même, elle trouvait à donner. Son père, cœur charitable, lui aussi, qui ne refusait l'aumône à personne et qui avait laissé à sa fille carte blanche dans la maison, ne pouvait s'empêcher parfois de trouver qu'elle abusait un peu de la permission. « Elle prend tout ce que nous avons pour le donner aux pauvres »! disait-il, hyperbolique, au parrain, l'ami Biguenet. Mais à Jeanne-Antide, il ne disait rien, fermant les yeux et laissant faire. Il est à croire que tante Oudette en disait un peu plus. Maintes fois Jeanne-Antide, délicate à l'excès, craignit, malgré tout, d'avoir outrepassé les volontés paternelles, et ce fut tantôt une source de scrupules, tantôt un nuage sur la sérénité de son âme.

Afin de tout concilier, elle se privait pour les autres, et ses jeûnes, qu'elle offrait à Dieu pour avoir la lumière sur sa vocation, servaient encore à sa charité. Car il y avait beaucoup à donner autour d'elle. Après les mendiants, les malades, et ceux-ci ne manquaient pas dans la paroisse, pauvres gens perclus ou infirmes qui ne pouvaient venir à elle : elle allait à eux ; et voici Jeanne-Antide en pleines fonctions d'hospitalière.

C'étaient d'ailleurs ses seules visites, car la besogne
à la maison pesait si lourd et les heures passaient si
légères que la jeune maîtresse de maison n'aurait pu
se prêter une minute aux conversations distrayantes
ou reposantes. Comment trouvait-elle du temps pour
ses malades ? C'est le mystère de sa charité. Cette
belle vertu, chez les saints, fit toujours des merveilles, et toujours dans le secret, loin des yeux des hommes, sous le seul regard de Dieu.

Et Jeanne-Antide s'y entendait. « Elle cachait, au
témoignage de sœur Rosalie qui trahit un peu la
tante, les aliments dont elle se privait pour les donner aux pauvres. Sa compassion faisait qu'elle choi-
sissait tous les moments où elle était seule — ce qui
veut dire où tante Oudette, la terrible tante Oudette
aux yeux d'Argus, travaillait au loin — pour leur
porter du pain, du vin, et d'autres aliments. » Oui,
la charitable Antide pouvait jeûner, se priver, se
mortifier : il y aurait toujours un bon morceau à
prélever pour ces pauvres infirmes, une bonne bouteille,
quelques petites douceurs. Elle avait tant de joie à
les gâter un peu ! N'étaient-ils pas ses privilégiés ?
Et pour ces pauvres perclus, quelle fête ! Quel charme
que cette radieuse apparition !

Jeanne-Antide apportait aussi ses remèdes. Petite
bergère, elle se plaisait à chercher les fleurs dont se
font les tisanes : la camomille, la centaurée, la bour-
rache, le pied-de-chat, la guimauve, d'autres encore ;
elle les connaissait bien. Elle avait déjà chez elle sa
petite pharmacie et sa mère ne connut pas d'autres

médicaments que les siens. Tous les malades du
voisinage en profitaient maintenant, et si quelque
accident survenait, bras cassé, contusion ou plaie,
Jeanne-Antide encore, avec ses bandages, ses onguents,
était là, vraie Sœur de Charité, providence du pays.

C'est un art de savoir donner. C'en est un plus grand
de savoir consoler et réconforter les cœurs : art divin,
car les seules vraies consolations viennent du ciel, le
seul réconfort, c'est Dieu, et pour mettre du ciel dans
les âmes, il faut une âme céleste, pour donner Dieu à
ceux-là surtout qui souffrent, il faut l'avoir en soi.

Assise sur un banc ou sur une chaise de bois au
chevet de ses malades, Jeanne-Antide faisait l'office
d'ange consolateur. Elle rassérénait, elle égayait d'une
fleur de son jardin, d'un bouquet de violettes ou de
pervenches que lui avait rapporté sa sœur Jeanne-
Barbe, ces intérieurs attristés par la souffrance,
Elle-même n'était-elle pas le clair rayon de soleil dont
s'illuminaient ces sombres réduits et qui pénétrait
jusqu'à l'âme ? Et lorsqu'elle se levait pour partir,
on la bénissait doublement, car avec l'aumône cor-
porelle qui permet de ne pas mourir, elle laissait.
jusqu'à sa prochaine visite, l'aumône spirituelle dont
on était si avide et si reconnaissant, la bonne parole,
le bon regard, le bon sourire du cœur qui renouvellent
les forces morales et qui rendent, à ceux qui ne l'ont
plus, le courage de vivre.

Il était dit que la Bienheureuse, avant de s'enfer-
mer dans le cloître, devait donner au monde le spec-

tacle des plus belles vertus, sans doute afin de montrer
par son exemple à toutes les jeunes filles dont elle
serait le resplendissant modèle, ce que peut faire dans
sa famille, dans son village, une petite paysanne
toute simple, toute menue, sans lettres, quand elle **a**
au cœur, avec le sentiment élevé du devoir qui fait
les grandes âmes, la flamme de charité qui fait **les**
saints.

Jeanne-Antide, modèle achevé de piété, de zèle, de
patience, d'aimable et sainte charité, n'avait plus
qu'un apprentissage à faire pour son compte et **un**
exemple à donner autour d'elle, avant que les vues
mystérieuses de Dieu sur elle s'accomplissent. **La**
lutte avec les siens allait s'engager cette fois, déclarée,
décisive, sans répit, au sujet de sa vocation.

Passe redoutable pour les courages les mieux trempés que ces moments de terrible amertume où **la**
famille tout absorbée par des intérêts mesquins,
par sa tendresse mal entendue, refoule ou méconnaît
son devoir et se dresse, obstacle qu'il faudra briser,
contre les droits de Dieu et de son enfant ! Lutte
douloureuse, poignante, hérissée de périls, où la **prière**
et les larmes sont souvent la seule défense, où l'on
souffre d'irriter et plus encore de contrister ceux qu'on
aime, où il faut subir les assauts de l'affection la plus
tendre pour lui résister comme un ennemi à un ennemi alors que le cœur saigne et que l'affection déborde, où l'on n'a à entendre que des menaces **qui**
révoltent ou de ces reproches qui tuent, où l'on fait

figure de bourreau alors qu'on est la pure victime, où l'on passe enfin pour commettre un crime affreux alors que l'on obéit à la plus sainte des voix, à l'appel émouvant de Dieu !

Jeanne-Antide, la frêle enfant, allait donc ainsi affronter le redoutable combat. Aurait-elle dans ces luttes journalières pour assurer à Dieu la victoire ce qu'il faut de patience pour supporter la contradiction, d'énergie pour aller de l'avant, de constance pour tenir, de prudence pour tout calculer, de maîtrise de soi pour ne rien briser, de savoir-faire ingénieux pour aplanir les difficultés ou pour les prévenir, de sens exact des réalités pour concilier dans la juste mesure l'amour filial et l'amour divin, d'autres vertus encore pour conduire jusqu'au bout les viriles résolutions et répondre au vœu de son cœur sans s'aliéner des cœurs chers entre tous, qui se fermeront et ne pardonneront point ?

C'est le caractère qui domine la vie comme il domine les obstacles : il les écarte ou il les broie. La lutte, Jeanne-Antide va l'entreprendre. Les difficultés ne manqueront pas : sans rien broyer, sans rien briser, elle les surmontera toutes ; et comme elle nous a bien révélé jusqu'à cette heure les ressources de son esprit pratique et les trésors inépuisables de son cœur, nous allons assister ici au premier déploiement de ce souple, mais infrangible caractère capable de tous les héroïsmes et qui fera un jour l'admiration du monde.

Des projets de sa fille, le père ne savait rien encore.

Jeanne-Antide, prudemment, se réservait. Or, voici qu'un beau jour arrive à la maison, au nom de Mademoiselle Jeanne-Antide Thouret, une lettre de Baume-les-Dames qui fut remise, selon les bienséances d'alors mieux comprises que celles d'aujourd'hui, à Jean-François Thouret, le père. Intrigué, le père Thouret, décachetant la missive, ouvrit de grands yeux devant le contenu. Sa fille, son Antide, voulait entrer au couvent, qui plus est dans un hôpital, et la supérieure des Hospitalières de Baume lui offrait de la recevoir avec joie au jour qu'elle fixerait !..

Que pensa le brave homme de cette révélation inattendue ? Il ne le dit point. En tout cas, c'était pour lui du nouveau, du très nouveau, et bien des choses à penser à la fois. Elle en était donc là, son Antide ! Sans le prévenir, sans avoir demandé et encore moins obtenu l'autorisation paternelle dûment requise, elle disposait d'elle-même, elle réglait d'ores et déjà son entrée au couvent ! Et c'était Jeanne-Antide qui faisait de ces coups-là !... De ce mystère, qui dépassait son entendement non moins que ceux du catéchisme, le bon Jean-François ne se chargeait point de percer le secret. Mais il pensait. Quant à la lettre, elle s'égara dans sa chambre.

Sur le fond des choses, Jean-François Thouret était, toutefois, complètement dans l'erreur. Sa fille Jeanne-Antide, si elle songeait à la vie religieuse, n'avait nullement demandé à entrer au couvent, ni à Baume, ni ailleurs. Or, comment cette lettre avait-elle pu lui être envoyée par la supérieure de l'hôpital ?

Là gisait le mystère, qui reste inexpliqué. Car Jeanne-Antide n'avait confié à personne son secret, hormis à sa marraine. Celle-ci aurait-elle fait d'elle-même, pour éclaircir la situation et avancer les choses, quelque ouverture à ce sujet ? Il se pourrait à la rigueur. Mais aucune demande n'avait été formulée ni d'un côté ni de l'autre, et Jeanne-Antide ignorait tout. Là-dessus, le texte de sœur Rosalie est décisif : la supérieure « proposait » à Jeanne-Antide d'entrer dans sa communauté ; ce qui nous montre, au surplus, en quelle estime était tenue la jeune fille, même au loin. Mais le père pouvait-il supposer que sa fille fût étrangère à cette proposition ?

Il arriva que Jeanne-Antide, en rangeant la chambre de son père, trouva le pli sur la table. Autre surprise. Sans doute la lettre portait-elle le timbre de l'hôpital, qui était un hôpital militaire. « Elle vit bien, écrit sœur Rosalie, de quoi il était question. Elle la prit et la porta à son confesseur. Il lui dit : « Je ne veux point que vous y alliez ; votre santé est trop délicate pour aller dans cet hôpital, de plus il y aurait danger pour votre innocence. J'aimerais mieux que vous entriez à l'hôpital de Villersexel, bourgeois et moins pénible. »

A quelque chose malheur est bon. Cette fois la cause était gagnée auprès du directeur, qui donnait son assentiment et ses conseils; mais, par contre, perdue auprès du père qui refusa net son consentement. Du coup, ce fut la guerre. Tante Oudette s'en mêla, et Joachim, et l'oncle Nicolas : et ce fut un beau sabbat !

Jusqu'où allèrent les oppositions, les violences, les avanies, les moyens d'intimidation et de pression, sœur Rosalie ne le cache point. « Le père et toute la famille, dit-elle, ne le voulurent pas ; ils voulaient qu'elle restât dans la famille et que, si elle voulait se marier, ils feraient tout pour elle, mais ne voulaient rien lui donner pour se faire religieuse. Elle patienta et continua à prier Dieu de lui faciliter sa vocation. Quoique ses parents l'aimassent beaucoup, lorsqu'ils virent qu'elle persistait dans sa vocation, ils commencèrent à la traiter durement, à préférer les servantes, à l'humilier, à lui faire parler par des personnes de considération, pour la dégoûter de l'état religieux, du soin des malades. Tout cela ne faisait qu'augmenter son envie. » Rien mieux que ce simple exposé, avec sa suggestive concision et son accent de sincère vérité, nous mettrait-il devant les yeux la grande tristesse de Jeanne-Antide en butte aux cruelles, aux outrageantes persécutions des siens, mais aussi la patience invincible, l'inébranlable constance dont sa chère vocation, sous les injures, les objurgations, les mauvais traitements, les pièges sournois, donnera un si éclatant témoignage ?

C'est que les grandes âmes ne se laissent conduire que par le sentiment des grandes choses. Seuls les animaux sont menés aux coups, et ceux qui leur ressemblent. Les cœurs vraiment libres, les dominateurs, sont ceux que nulle puissance du mal ne peut émouvoir et qui ne se meuvent que dans le bien, impassibles au milieu des tempêtes, gardant, quoi qu'il arrive, leur belle maîtrise d'eux-mêmes et maîtrisant ainsi les événements. Telle se révèle déjà la jeune Antide, telle sera Mère Thouret. Elle ne fait que subir le premier assaut ; mais elle soutient le choc avec une indémontable fermeté. Elle n'en est encore qu'à son apprentissage de la persécution ; mais elle donnerait des leçons aux plus résolus. Rien n'altère la sérénité de son âme, rien ne trouble la liberté de son cœur. En elle s'affirme un de ces caractères supérieurement trempés que la lutte n'entamera point, contre lesquels s'useront toutes les attaques, se briseront toutes les violences, même aux plus mauvais jours, quand tournoieront autour d'elle, éperdues, les rafales.

Son secret ? Oh ! tout simple, sans être pour autant à la portée de tous. On veut la faire souffrir ? Plût à Dieu ! Pour elle, souffrir est doux.

Mais voici des séductions inattendues. Le père avait dit, et toute la famille en chœur avait répété après lui : « Une dot pour le mariage ; pas un liard pour le couvent. » Or l'occasion se présentait, inespérée, de faire miroiter de nouveau la dot et, avec la dot, un mariage, un beau mariage, un mariage superbe. Un prétendant de choix s'était mis sur les rangs, riche jeune homme considéré dans tout le pays et de famille huppée à souhait, pour demander la main de Jeanne-Antide. Il venait à point, celui-là, pour Jean-François Thouret! Pour Jeanne-Antide aussi. Tout ragaillardi par ces perspectives alléchantes, le père se rengorgeait déjà à la pensée d'avoir un tel gendre.

Comment eût-on pu s'attendre à tant d'honneur dans la maison des Thouret ?

Sans tergiverser, Jean-François fit part à sa fille de l'heureuse nouvelle et la mit au courant de la démarche officielle du jeune homme, ne cachant point sa satisfaction. Jeanne-Antide, d'emblée, déclina tout à la fois et l'honneur et le jeune homme. A quoi le père, ne se tenant pas pour battu, opposa longuement toutes bonnes et décisives raisons que lui inspirait son affection pour sa fille ; s'il ne disait mot les autres jours, on peut tenir qu'il fut éloquent ce jour-là. Un si beau parti ! Les rares qualités du jeune homme, sa fortune, la considération, la belle parenté, la jolie maison, l'intérêt des siens, rien ne fut omis de ce qui pouvait amener sa fille à ce splendide mariage. Liée en secret par son vœu de chasteté, Jeanne-Antide n'en persistait pas moins dans son refus, déclarant que Dieu ne la voulait point dans cet état. Argument de mince valeur pour le père qui s'émoustillait un peu, se fâchait un brin, et comme il insistait, tenace, appuyant de plus en plus en faveur du jeune homme riche, du jeune homme considéré, du jeune homme inespéré, Jeanne-Antide — songea-t-elle à la dame de Belvoir? — de décocher alors la péremptoire réponse qui couperait court à tout : « Quand même ce serait un roi, je n'en voudrais pas. » — « Ah...? balbutia le père complètement abasourdi, interloqué... puisque tu ne voudrais point d'un Roi, il n'y a plus rien à dire. » Et, désarmé par ce trait du Parthe, l'excellent père Jean-François ne parla plus de rien, en effet.

C'était, au surplus, tout ce que pouvait désirer de mieux Jeanne-Antide.

Des prétendants, il en surgira plus tard encore. Ils ne manqueront pas, et c'est là un des traits singuliers de cette vie mouvementée, romanesque par tant de côtés et d'étonnantes aventures, mais qui laisse bien ressortir toutes les belles qualités de Jeanne-Antide, le charme de ses rapports, l'attrait parfois fascinateur qu'elle exerçait autour d'elle. Même sous la cornette, à Langres ou à Sceaux, elle en rencontrera, soldats ou gentilshommes ; et en pleine Terreur, à Paris, il en viendra même de Baume-les-Dames, et des plus inattendus, des prétendants à faire horreur. Aux uns comme aux autres, la réponse décochée ne sera pas différente : prince ou roi, elle ne voudrait pas d'un trône.

Comme elle le pensait, elle le disait, souligne sœur Rosalie : « Car tels étaient les sentiments de son cœur ; elle ne faisait aucun cas des biens et des honneurs de la terre. Elle n'aimait et n'estimait que le bonheur d'être tout à Dieu et de le servir dans un état saint. Elle disait que les plus riches et les plus puissants sont toujours des esclaves de leurs biens et de leur rang, toujours occupés à les conserver, à les augmenter et dans la crainte de les perdre. Et, pour gagner le ciel, c'est souvent le moindre de leurs soucis. Et les petits de la terre sont toujours dans la crainte de manquer du nécessaire et souffrent les peines de la vie par force et le plus souvent sans mérite pour leur salut. Elle ne respirait qu'après l'heureux moment d'entrer dans la vie retirée. »

Tout convergeait de la sorte à orienter sa pensée plus résolument que jamais vers le cloître et de tous ces événements comme de toutes ces réflexions qui dénotent une rare sagesse, elle ne retenait qu'un vœu, celui d'en finir avec une situation intolérable pour tous. Au reste, rien ne l'enchaînait plus à son ménage. Du jour où son père l'avait si fort pressée de contracter mariage, il avait mis entre ses mains la meilleure arme contre lui : n'était-ce pas formellement reconnaître qu'il pouvait sans trop de peine se passer d'elle et de ses services ? Et puis, voici qu'elle avait ses vingt-et-un ans sonnés. C'était l'heure des prétendants. C'était plus encore celle de Dieu. En conséquence, il ne lui restait plus qu'à pousser les choses vivement, à fixer son choix et à dire son éternel adieu au monde.

Une invincible attirance continuait à porter la douce et pure jeune fille vers un genre de vie austère, une vie de pénitence. Les plus saints seront toujours les plus mortifiés, et les plus innocents se jugeront les plus coupables. Pour elle, l'état religieux, c'était la croix, mais avec l'onction céleste dont s'embaume le cloître. Répondant sans doute à des griefs imaginaires soulevés autour d'elle par ceux qui s'acharnaient, comme tante Oudette ou autres commères, à la détourner de *son* couvent : « Je ne le désire pas, confiait-elle en toute candeur, pour fuir les peines et les incommodités que je pourrais rencontrer dans une autre situation, je ne le désire pas pour être mieux et pour n'avoir rien ou presque rien à souffrir ; non, je ne le voudrais pas. Je le désire pour souffrir, pour apprendre à bien souffrir et pour souffrir salutairement pour ma sanctification. Si l'on souffre en religion, on a beaucoup plus de force et de grâces par les secours spirituels et les bons exemples que dans le monde. » C'était voir les choses d'infiniment haut et par leur côté pratique, vrai. Mais tante Oudette ne s'élevait pas si haut et se souciait médiocrement de vérité. Comme pour bien des gens à l'entendement borné, le couvent, à ses yeux, c'était le lieu de la vie tranquille et douce, un paradis de tout repos. Que n'a-t-elle assez vécu pour contempler tout ce que sa nièce, si fort maltraitée par elle, allait faire de grand et de beau dans « son couvent », et au prix de quelle surhumaine activité, de quelles tribulations, de quels sacrifices !

Le sacrifice uni à la prière, voilà où tendait de plus en plus le vœu ardent de Jeanne-Antide. Le Carmel, avec son atmosphère de paix, d'oraison continuelle, d'héroïque et silencieux sacrifice, le Carmel où l'on se consume comme la lampe du sanctuaire en donnant tout de soi, parlait suavement à son cœur. Il lui semblait l'asile de toutes les vertus. C'était le lieu où l'on aimait, où l'on se donnait, où l'on souffrait, mais d'une si douce souffrance ! Elle connaissait très bien sainte Thérèse d'Avila, une de ses saintes de prédilection dont le nom restera toujours attaché, comme celui de saint Ignace, à la fondation de son Institut ; elle en avait au plus haut degré l'esprit. Son mot sublime : *Ou souffrir ou mourir*, eût été volontiers le sien ; et ce qu'elle voyait encore, ce qu'elle voyait si bien dans cet ordre de pure contemplation, c'était l'union perpétuelle avec Dieu, la vie en Dieu que rien ne trouble, le pur don de soi, l'abandon. Oh ! c'était là qu'elle voulait aller, qu'elle irait, si telle était toutefois la volonté de Dieu. Et Jeanne-Antide, confiante, impatiente de savoir et de décider, disposa ses plans pour aller consulter au Carmel.

Justement, son père s'apprêtait à se rendre prochainement à Besançon pour ses affaires. En pareil cas, il descendait toujours chez l'aumônier du Carmel, le pieux abbé de Vellerot, dont vraisemblablement il avait amodié quelques terres et qu'il fournissait de bois, de légumes, de blé, de beurre et de fromages, suivant la coutume du temps. Claquemuré plus que jamais dans son mutisme qui avait d'ailleurs son éloquence, scrutant toujours le mystère de sa fille qui ne voudrait pas d'un roi et écarterait de son front une couronne de reine, il s'était relâché pourtant de sa dureté à son égard. Jeanne-Antide lui demanda de l'accompagner : il y consentit.

Dans la pauvre chapelle des Carmélites, la sainte jeune fille répandait son âme. Au Dieu du tabernacle, elle offrait sa vie pour tout ce qu'il voudrait ; mais elle lui demandait en grâce de lui faire connaître distinctement par la bouche de son prêtre, ses volontés sur elle, puis, si son amour le voulait bien, de l'amener doucement à lui.

Voici mon cœur, ô mon époux, — je le mets en ta main.
Voici mon corps, ma vie, mon âme, voici mon cœur et
son amour, — ô ma très douce Rédemption, et puisque je
m'offre pour tienne, — *qu'ordonnes-tu qu'il soit fait de moi?*

Donne-moi richesse ou pauvreté, consolation ou afflic-
tion : — donne-moi joie ou tristesse, — donne-moi l'enfer
ou le ciel, — vie douce, soleil sans nuage, puisque je me
suis rendue à toi — *qu'ordonnes-tu qu'il soit fait de moi?*

Ainsi priait, ainsi chantait, dans son torturant désir
de connaître et de faire la volonté divine, l'âme em-
brasée d'amour de Thérèse d'Avila. Et le cœur ému,
le cœur battant de Jeanne-Antide ne priait pas autrement. La lumière ! Elle demandait un rais, un seul,
de l'inaccessible Lumière pour découvrir ce que
voulait d'elle son bien-aimé, pour savoir où le trouver,
et le suivre et le chercher au bout du monde.

A ce moment, s'illumina d'une lumière intérieure sa
pensée. Une violente répulsion la saisit pour cette vie
claustrale qui lui avait paru si douce, tandis que montait en elle une infinie douceur et qu'une irrésistible
attirance l'emportait vers l'état de servante des pauvres. Quand le prêtre arriva au confessionnal, il
n'eut plus qu'à constater l'appel de Dieu. A la demande de Jeanne-Antide, il en parla au père ; mais le
père garda pour lui les confidences de l'aumônier.

La marraine, cette fois, s'était décidée à l'action.
Avec sa filleule, elle se rendit au presbytère pour en
conférer avec M. le curé et aviser, tous ensemble, aux
voies et aux moyens. Les choses allèrent bon train.
L'abbé Lambert, quoi qu'il lui en coutât de perdre
une si précieuse paroissienne, déclara « qu'il connais-

sait une communauté, mais qu'il faudrait dire adieu au pays, parce que c'était loin. Elle lui répondit qu'elle était prête à tout, quand il faudrait aller aux extrémités de la terre. Quelque temps après, il lui dit que c'était à Paris — chez les Sœurs de Saint-Vincent de Paul — et qu'elle y serait reçue. Bien contente, elle le pria de décider son père à lui donner son consentement. Il dit à son père qu'il était obligé en conscience de consentir à une vocation qui avait tous les signes de la volonté de Dieu. Son père, qui avait beaucoup de religion, obéit à son curé. Les dispositions pour le départ se firent en secret dans la famille. Il fallait cette précaution pour éviter un grand combat ».

Ce « grand combat », c'étaient les objurgations, les apostrophes, les scènes violentes et les injures de tante Oudette, de Joachim, de l'oncle Nicolas, qu'il fallait éviter à tout prix. C'étaient aussi les touchants adieux de cette bonne population qui se serait pressée sur la route, autour d'elle, pour l'accompagner de ses vœux, de ses regrets, de sa chaude affection, pour se recommander à son souvenir, à ses prières, dans la désolation et dans les larmes. Car elle s'en allait loin, elle ne reviendrait plus, la chère Antide !

On n'ignorait pas dans le pays que Jeanne-Antide allait entrer en religion ; on le savait, on le disait, et ces braves gens, sur un mot du curé, se cotisaient, ramassaient leurs petites économies pour subvenir aux frais du voyage, du trousseau, de la dot, sachant bien que Jean-François Thouret n'était pas riche et que tante Oudette ne laisserait rien sortir de la maison.

Mais le jour n'était pas connu, et l'argent destiné à la future religieuse pas encore recueilli, quand on crut sage de brusquer les choses. Le père seul était du secret. Dans la nuit, prête à partir, sa fille, sa chère Antide, s'agenouilla devant lui pour lui demander sa bénédiction. Et cet homme qui paraissait si rude, ce père au front sévère qui avait vu partir, d'un œil sec, ses deux fils, qui les avait bénis sans étreinte dans la voix, devant sa fille prosternée à ses genoux, son Antide qu'il ne reverrait plus, malgré lui sentit mollir son âme et se mouiller ses yeux; dans sa poitrine son vieux cœur se brisa et il éclata en sanglots...

Voilà, pour Jeanne-Antide, le plus dur de tout. Rien des souffrances passées ne pouvait se mesurer à celle-là.

A minuit, la chère enfant quittait la maison paternelle, sans bruit, étouffant ses pas, refoulant ses soupirs qui l'oppressaient. Personne ne se douta de rien. Une fidèle servante l'accompagna jusqu'au presbytère, où elle attendit les premières lueurs du jour pour quitter, à l'insu de tous, son village et se rendre, suivant les ordres venus de Paris, à l'hôpital des Filles de la Charité à Langres, où serait préalablement soumise à un examen sommaire sa vocation.

Dès l'aube, elle partit, courageuse, saluant son église, confiant les siens à Dieu, et enveloppant d'un

dernier regard — le dernier sans doute — la tombe
de sa mère.

C'était, vraisemblablement, un matin de juillet, en
l'année 1787.

CHEZ LES FILLES DE LA CHARITÉ

L'hôpital de Langres, où se rendait Jeanne-Antide, était la maison des Filles de la Charité la plus proche de son pays. C'est pour cette raison qu'il lui avait été assigné comme séjour où elle accomplirait les trois mois de postulat prescrits par la règle.

De Sancey, elle était partie par la route de Randevillers pour Besançon, à pied, seule, dans le petit jour, son paquet à la main, rien que le strict nécessaire pour le voyage. Le reste lui parviendrait plus tard. Il s'agissait de ne pas donner l'éveil. Elle prit à Besançon le carrosse pour Langres aux départs irrégulièrement espacés et qui faisait la traite en un jour par Recologne, Gray, Champlitte, au coût de 10 livres, soit près de 150 francs de notre monnaie, somme considérable assurément pour la petite bourse de Jeanne-Antide. Elle dut arriver la veille de la Saint-Ignace ou très peu de jours avant la fête.

A la fois civil et militaire, l'hôpital Saint-Laurent, complètement remis à neuf et dont le dôme était à peine achevé, présentait un ensemble de bâtiments du plus bel aspect sur la hauteur où se serraient étroitement les rues de la ville dans leur ceinture de remparts, de fortifications et de promenades couvertes.

C'est là que Jeanne-Antide fit son premier apprentissage de la vie religieuse, étudiant de plus près sa vocation au contact des sœurs, dans le mouvement de leur vie et de leurs œuvres, soit à l'hôpital, soit à l'orphelinat qui comprenait cinquante enfants de deux à dix-huit ans, vingt-cinq garçons et vingt-cinq filles. Les aspirantes donnaient ainsi occasion aux supérieures d'examiner leurs dispositions, leur caractère, leurs aptitudes et de s'assurer, car la vocation est chose de trop haute importance pour être abandonnée au hasard, qu'elles avaient l'essentiel requis pour entrer comme novices à la maison-mère de Paris, alors appelée le séminaire. Il va de soi que Jeanne-Antide donna sous tous rapports toute satisfaction.

Vers la fin de son séjour, son père vint donc lui apporter ce qui lui manquait encore pour se rendre à Paris, avec la somme destinée à couvrir les frais de pension du postulat et du séminaire, de trousseau et de voyage. Tout cela avait été préparé, arrangé par la bonne marraine, Jeanne-Antide Vestremayr et par le digne curé de Sancey, qui méritent tous deux reconnaissance. Rien ne décèle mieux que les détails de cette visite conservés par sœur Rosalie quel déchirement avait été pour la jeune fille cette première séparation de tout ce qui lui était le plus cher au monde, et avec quelle touchante énergie elle dominait sa peine et comprimait l'afflux des pleurs, si tant est que les pleurs n'aient point jailli malgré elle.

« Son père vint, dit le bref récit, pour apporter la somme d'argent convenue pour sa réception. Avant de le quitter, elle lui demanda sa bénédiction et s'il voulait la décharger de tout ce qu'elle avait disposé de ses biens sans sa connaissance. Il répondit tout de suite que oui. Elle lui demanda ensuite pardon de tout ce en quoi elle avait pu lui faire de la peine. Après quoi ils se quittèrent pour toujours. Jamais elle ne le revit plus. Elle en fit à Dieu le sacrifice ainsi que celui de ses autres parents et de son pays pour n'y plus jamais retourner, afin de suivre fidèlement sa sainte vocation et avoir le mérite de tout quitter pour l'amour de Jésus-Christ. Elle partit ensuite pour Paris où elle arriva à huit heures du soir, le jour de la Toussaint, en 1787, âgée de vingt-deux ans. »

Long voyage et rude voyage à travers l'inconnu pour une jeune fille qui n'avait jamais quitté bien loin son village, mais dont le fruit ne sera point perdu. Empilés les uns sur les autres dans la caisse du coche toute reluisante au dehors sous le vernis jaune à bande rouge, souverainement incorfortable au dedans, les pauvres voyageurs serrés, pressés, tassés, coincés, formant bloc sur les banquettes, n'avaient d'autre ressource que de lier conversation entre eux pour échapper aux ennuis de ce support mutuel et égayer d'autant la monotonie morne de ce voyage de plusieurs jours ; et comme, en cet état de compression réciproque, les langues seules, ou à peu près, étaient à même de se mouvoir, elles n'y manquaient point et allaient bon train, un peu toutes à la fois. On

avait tôt fait de lier connaissance, de savoir qui
on était, d'où l'on venait, où l'on allait. Des sympa-
thies s'échangeaient, parfois de durables amitiés se
nouaient.

Vaste champ d'observations intéressantes, piquan-
tes, pour un observateur tant soit peu averti. Tout
comme les autres, Jeanne-Antide avait dû développer
son histoire, elle qui ne demandait rien à personne,
et aussi sa compagne, une autre postulante partie
de Langres avec elle. Un ecclésiastique de Paris,
sans doute de haut rang, car il tenait son monde à
distance et personne ne s'enhardissait à le question-
ner, prêtre de distinction, pour user de la formule
de sœur Rosalie, les observait attentivement toutes
deux. Jeanne-Antide, sans affectation aucune, ne
perdait rien de son recueillement intime : elle ne gé-
missait pas sur les cahots de la route, sur la multiplicité ou la lenteur des relais, sur les intempéries
de la saison, et ses prévenances allaient à tous.
Extrêmement édifié, au surplus, de son air de modestie si douce et si avenante, de son maintien discret,
de son attitude toute franche, naturelle, aisée, sans
rien de guindé ni de mièvre, sans pose aucune, attiré
aussi par ce reflet de virginale candeur, si pur, qui
brillait dans ses yeux profonds, le prêtre prit plaisir
à engager conversation avec elle, simple paysanne,
illettrée, mais savante ès choses du ciel, de jugement
si parfait, de réflexions si sages, parfois si hautes, et
qui laissait lire jusqu'au fond d'elle-même dans la
limpidité de son âme.

Il s'entretint de la sorte avec elle durant ces quatre jours, venant en aide sans doute à son inexpérience des voyages, dans la journée aux relais pour les repas, le soir dans les hôtels où il fallait passer la nuit, car c'était pour Jeanne-Antide, toute seule en un si long voyage, de bien embarrassantes complications que celles-là, mais surtout s'édifiant profondément, profitant de ses entretiens comme la jeune fille profitait de ses bons avis, et admirant au fond de lui-même la haute sagesse de cette humble enfant des montagnes à qui Dieu révélait ses secrets. Jusqu'au bout il ne cessa de lui témoigner le plus déférent intérêt.

Incident de voyage en soi bien menu peut-être. Mais n'est-ce point aux détails que se caractérisent les physionomies ? A ce titre il n'est rien moins qu'oiseux de relever ce trait évocateur. Toute la vie de la Bienheureuse, même au milieu des plus absorbantes affaires, parmi le bruit des conversations, le tumulte des rues, dans le brouhaha des voyages, dans le mouvement sans répit des hôpitaux ou des écoles, sera une vie de parfait recueillement. Elle qui recherchait pour son esprit contemplatif la solitude du Carmel, elle la trouvera dans son cœur, cette solitude. Elle ne quittera pas Dieu et Dieu ne la quittera pas ; et toutes les âmes qui l'approcheront, elle les élèvera vers Dieu ; même les âmes des renégats, elle les rapprochera de Dieu, elle les rendra à Dieu.

Ce caractère particulier de sa sainteté, qui est l'union à un si éminent degré de la vie contemplative et de la vie active, ne méritait-il pas d'être fixé et retenu pour l'édification du présent et l'intelligence de l'avenir ?

Jeanne-Antide est au couvent. Au soir de son arrivée à Paris, quai des Célestins, elle a trouvé les cornettes blanches, les Filles de la Charité qui sont déjà ses sœurs, et elle a franchi, conduites par elles, le seuil de la maison-mère, au faubourg Saint-Denis, en face de la grande maison des Lazaristes. L'une et l'autre, maison des saints : le couvent de Saint-Lazare avait été fondé par saint Vincent de Paul, en 1632 ; celui des Filles de la Charité, en 1641, par Mme Louise de Marillac, qui sera elle-même un jour sur les autels. Voilà donc Jeanne-Antide au port. Les fatigues du voyage ont disparu, les déchirements de la séparation se sont évanouis. C'est comme l'entrée du ciel ; il lui semble qu'elle respire la charité des saints. Et Jeanne-Antide chante en elle-même son *Magnificat*, en se confiant à la protection du bon saint Vincent de Paul dont elle aspire à devenir la fille et qu'elle peut invoquer maintenant comme un père.

Le lendemain, au réveil, c'est la tristesse du jour des Morts. Jeanne-Antide pense à sa sainte mère à qui elle doit sa vocation ; devant elle apparaît la tombe du cimetière qu'elle a enveloppée au départ d'un si long regard d'attendrissement, et de loin, en face de la modeste croix de bois noir, elle prie. Elle prie de toute son âme ; elle demande encore une bénédiction maternelle sur sa vocation, sur son temps de noviciat, et elle se sent fortifiée de là-haut. La parôle du prêtre, elle ne l'a pas oubliée, elle ne l'oubliera jamais : *Votre mère est une sainte.* Elle aussi sera une sainte, et, comme sa mère, en souffrant. C'est bien son ardent désir. Elle est venue si loin pour faire la volonté de Dieu, pour chercher la perfection en tout, pour vivre de la vie du ciel : elle n'a pas d'autre ambition, si ce n'est de souffrir pour Dieu afin de mieux lui témoigner qu'elle l'aime, qu'elle est à lui jusqu'au sang, jusqu'à la mort. Elle tiendra parole fermement, magnifiquement, et Dieu qui l'aime aussi de toutes ses prédilections, ne lui ménagera pas la souffrance : il en sera divinement prodigue, car lui aussi, lui surtout, veut que Jeanne-Antide soit une sainte, une grande sainte.

Les religieuses de la maison, surtout les maîtresses à qui la postulante était spécialement confiée, ne tardèrent pas à reconnaître quel trésor de perfection leur était venu de cette lointaine Comté que Louis XIV avait eu tant de peine à soumettre par les armes et qui semblait encore perdue dans un farouche isolement. La Congrégation des Filles de la Charité n'avait pu jusqu'alors pénétrer fût-ce aux abords de ce pays. Et voici que du cœur même de la Franche-Comté lui arrivait une aimable et parfaite jeune fille comme elles en avaient peu, comme elles n'en avaient point : c'est donc que le cœur de ce pays était bon, bien au delà de l'idée qu'on en avait. Les rares Comtoises que Jeanne-Antide retrouvait au noviciat, envoyées sans doute par M. Bacoffe, un ancien jésuite, n'étaient pas non plus pour contredire cette appréciation flatteuse. Mais Jeanne-Antide attirait sur elle, par la perfection de tous ses actes, l'attention et les louanges de toutes.

Le matin même de son arrivée, après les longs offices célébrés à l'église Saint-Laurent, qui était celle de la paroisse, la postulante de Franche-Comté fut mandée auprès de la supérieure générale, vénérable Mère courbée par l'âge et par le poids des occupations et responsabilités. Son temps était précieux. Elle voulut connaître tout de même et bénir aussitôt la bonne jeune fille dont le curé de Sancey et la supérieure de l'hôpital de Langres lui avaient écrit tant de bien, de si jolies choses. Jeanne-Antide s'agenouilla.

« Quel âge avez-vous ?

— Vingt-deux ans.

— C'est un bon âge. Que savez-vous faire ?

— Je ne sais rien. »

La vénérée supérieure, femme de grand sens et de grande expérience, en savait assez, et relevant l'exquise enfant sur cette franche réponse : « C'est bon, ma fille », dit-elle très maternellement ; deux mots qui voulaient dire : « C'est bien. J'en sais assez. Je suis édifiée ; moi, je sais par ailleurs ce que vous savez faire. »

Le mot de Jeanne-Antide, dans sa saveur de violette courut toute la communauté. La bonne Mère, pour édifier à leur tour ses religieuses et les faire rire un peu, n'avait pu s'empêcher de transmettre en récréation la candide réponse, sortie tout d'un jet de

la bouche et du cœur de sa nouvelle fille. Le mot resta,
tout édifiant. Nul doute que l'accent du terroir n'en
ait encore relevé la saveur.

Il est certain que sœur Antide, avec sa bonne
simplicité, qui allait toujours droit au but et ne dégui-
sait rien, avait dit comme elle pensait dans son humilité si vraie. En quoi la Mère supérieure avait aussitôt
reconnu la marque d'une véritable Fille de la Charité
selon l'esprit de saint Vincent de Paul. Cet esprit,
Jeanne-Antide l'apportait avec elle. Paysanne, mais
de bon cru et fière de l'être, elle répondait de tout
point au portrait que traçait le saint de ces « bonnes
filles de village », si chères à son cœur et dont les
solides et franches vertus constituaient précisément
les vertus caractéristiques de l'Institut.

« Les vraies filles de village sont extrêmement
simples. Elles n'usent ni de finesse ni de paroles à
double entente. Elles ne sont point entières dans
leurs opinions, ni attachées à leur sens, et croient tout
simplement ce qu'on leur dit. On remarque une
vraie *humilité* dans les bonnes filles de village : elles
ne se glorifient point de ce qu'elles ont, ne parlent
point de leur parenté, elles ne pensent point avoir de
l'esprit, elles vont tout bonnement, et, quoique quel-
ques-unes aient du bien, elles n'en font point pour
cela les suffisantes, mais vivent également avec toutes. L'humilité de ces bonnes filles de village, je dis
les bonnes, fait qu'elles sont *sans ambition*. Elles sont
contentes de ce que Dieu leur a donné. Elles ne souhai-
tent autre chose que d'avoir le vivre et le vêtu ;

leur parler est humble et tout véritable. Si on leur donne des louanges, elles ne savent ce que c'est, et ne les écoutent point ».

Avec ce que note ensuite le saint de la sobriété, de la pureté, de la pauvreté et de l'obéissance de ses chères filles de la campagne, ne dirait-on pas le portrait de sœur Antide tracé d'avance ? Toutes ces belles et généreuses vertus des champs, qui ne sont que dévouement et abnégation, elle ne cessera dans la suite de les cultiver avec un amour de prédilection pour les porter à leur point suprême d'achèvement, et ce cachet de bonne simplicité villageoise, qui va « tout bonnement » mais qui n'exclut ni la noblesse des sentiments, ni la grandeur de l'idéal, ni même l'exquise politesse de l'âme, à défaut de celle des manières, toute sa vie Mère Thouret le conservera comme une de ses marques distinctives et il lui siéra .parfaitement. Soit dans ses lettres à Mgr Lecoz, au préfet De Bry, aux ministres des cultes Portalis et de Préameneu, soit dans tous ses rapports avec le monde, chez les plus hauts personnages de la cour impériale ou de la cour de Naples, elle ira toujours tout simplement, tout bonnement, pour reprendre le mot de saint Vincent de Paul qui est aussi le sien, sans user de finesse, non pas en femme du monde, mais en vraie Fille de la Charité. Et si la calomnie s'évertue un jour à la travestir dans ses pamphlets en une basse intrigante et une mijaurée, c'est que l'envie déforme singulièrement la vision et que l'âme noire des calomniateurs, contaminée par le venin du dedans,

ne peut que noircir ce qui est blanc, salir ce qui est
pur. Le Sauveur lui-même, le Fils de Dieu, n'a-t-il
pas été vilipendé comme un blasphémateur ? Tristes
gens qu'il faut laisser à la boue de leur chemin.

A la maison-mère du Faubourg Saint-Denis, où
l'on est mieux placé pour voir, où l'on a mission
d'observer les défauts pour les reprendre et corriger,
on admire au contraire cette jeune fille si franche et
si simplement bonne, qui fait toutes choses à la perfection et qui ne s'en doute pas. Et même quand on le
lui dit, elle ne le croit pas, et ne s'y arrête point. On
s'étonne pourtant autour d'elle de tout ce qu'elle
sait faire, elle qui prétend ne savoir rien : on l'em-
ploie à tout, elle est la ressource de la maison. Sa
maîtresse des novices, qui l'estimait entre toutes et
mieux que personne était à même de la juger, crut
devoir lui dire un jour plaisamment : « Ma fille, vous
dites toujours que vous ne savez rien ; il faut dire :
Oui, je sais faire, je sais tout faire, puisque vous faites bien tout ce que l'on vous fait faire. »

Jugement de la vérité, et jugement de l'histoire : « Mais cela ne pouvait sortir de sa bouche,
ajoute sœur Rosalie gravement, parce qu'elle se
croyait la dernière de toutes et la plus ignorante.
Elle avait toujours conservé dans sa mémoire ces
paroles de l'Evangile qu'elle entendit dans son bas
âge : « Qui s'élève, etc... » et que l'orgueilleux est
partout détesté et l'humble passe partout. » La voilà
bien l'humilité simple et vraie, celle du bon saint Vincent de Paul, celle que la Mère supérieure avait admi-

rée avec tant de charme et qui tenait si fort au cœur de Jeanne-Antide, petite violette sous sa touffe d'herbe, uniquement trahie par son parfum.

Si, au noviciat de Paris, on eût pu concevoir encore quelques doutes sur la valeur de la nouvelle postulante, un témoignage de haut prix eût servi bientôt à lever toutes les hésitations.

Le prêtre si affable et condescendant, dont la distinction avait vivement frappé Jeanne-Antide au cours de son voyage, voulut se charger lui-même d'attirer l'attention des dirigeantes de la maison-mère sur le mérite exceptionnel de la jeune fille que Dieu leur envoyait. Peu de jours après son retour à Paris, s'étant présenté au séminaire des Filles de la Charité pour revoir ses deux compagnes de diligence et prendre de leurs nouvelles, il fut reçu par la maîtresse des novices qui lui amena les deux postulantes. Toutes ses paroles, ses interrogations, ses marques d'intérêt allèrent à sœur Antide, et en se retirant, il dit à la maîtresse des novices : « Je vous recommande Mlle Thouret, elle m'a beaucoup édifié pendant le voyage. » Recommandation qui semble venue de haut ; aucun indice positif ne permet toutefois d'identifier exactement le personnage.

Au demeurant la vertu de la jeune fille ne tarda pas à se recommander par elle-même au point d'être un sujet de parfaite édification pour ses compagnes et ses maîtresses.

Il était d'usage à la maison-mère d'imposer à chaque novice un emploi conforme aux aptitudes, mesuré aux forces de chacune, buanderie, basse-cour, boulangerie, cuisine, ménage, etc, emploi qu'il s'agissait de remplir activement, car la loi du travail, chez les Filles de la Charité, est en grand honneur. A Jeanne-Antide fut confiée la fonction de lingère, laquelle requérait adresse, soin, propreté, goût, et par surcroît, dans le cas présent, une patience illimitée et un caractère à l'épreuve de tout, car la bonne vieille sœur à qui revenait la direction de l'emploi n'était pas du tout d'humeur endurante ni de contentement facile, bourrant son monde, une autre tante Oudette en vérité, tante Oudette en sœur grise, un peu apaisée tout de même par le couvent et qui criait moins aussi, beaucoup moins, une tante Oudette en mineur, supportable en somme, mais trop souvent poussée par le démon de la perfection et trouvant rarement quelque chose de bien ou même d'approchant chez les autres, tant que la perfection n'était pas dépassée. Telle était, à peu de chose près, la chère sœur que le décret de béatification appelle d'un nom plutôt doux : *magistra severa*, une maîtresse sévère.

Les supérieures la connaissaient, et tout le monde ; et l'on ne hasarde rien à présumer que le choix de sœur Antide en ce cas n'allait point sans une intention nettement préméditée, soit que l'on crût bon d'éprouver comme l'or la vertu de la jeune novice, soit que l'on voulût procurer enfin à la « sévère maîtresse », dont la longue vie de dévouement n'en était

pas moins couronnée de mérites, la consolation
d'avoir enfin auprès d'elle, pour la réconcilier avant
sa mort avec l'humanité, une perfection qu'elle n'a-
vait jamais eu le bonheur de rencontrer dans le sanctuaire sacro-saint de sa lingerie. Tout de même, la
maîtresse des novices y tenait la main et l'œil. Elle
demandait souvent à sa chère fille si la sœur de l'office
était bonne. A quoi sœur Antide ne dit jamais non :
elle souffrait tout sans qu'il y parût. C'était sa manière
à elle, qui est celle des grandes âmes et des saints.
Mais peut-être aussi, par sa vertu même et par com-
paraison avec la tante de Sancey et les scènes tinta-
marresques de là-bas, se trouvait-elle ici en un asile
de paix, où la sévérité ne paraissait plus que bonté.
Aussi, toujours souriante et excusant toutes choses,
avec la bonne vieille sœur aigrelette qui avait toujours
à dire, et qui parlait si fort peut-être parce qu'elle
n'entendait plus, s'arrangea-t-elle à merveille sans
rien perdre jamais quoi que ce fût de sa douceur et
de son calme : c'était l'huile associée au vinaigre et
qui surnage.

L'épreuve vint pourtant, mais tout autre que
Jeanne-Antide ne l'attendait lorsqu'elle s'offrait à la
souffrance, et bien autrement grave aussi que ces
menus incidents de la vie de communauté, la grande
épreuve, celle-là, celle qui brise et qui broie.

Aux termes des constitutions qui régissent la congrégation des filles de saint Vincent de Paul, sœur
Antide devait passer d'abord six mois au séminaire

avant de prendre le saint habit, jour impatiemment
attendu que celui où il lui serait donné de s'attacher
plus étroitement, sous les livrées des servantes des
pauvres, à cet admirable Institut où Dieu l'avait
providentiellement conduite, et plus cher infiniment
à son cœur, que sa vie. La cérémonie de vêture
avait été fixée en mai; après quoi la novice resterait
six mois encore au séminaire afin de mieux éprouver
sa vocation en achevant de se former à la prière et à
la vertu.

Mais voici que ses forces à la longue se débilitèrent
et qu'une cruelle maladie du cuir chevelu se déclara,
difficile à soigner, plus difficile à guérir. Fille de la
montagne, habituée à remplir ses poumons de bouffées
d'air pur et de la saine odeur des champs et des bois,
Jeanne-Antide s'était trouvée brusquement trans-
portée dans une immense ville en transformation,
inextricable réseau de rues sombres, étroites, gothi-
ques, malpropres, où s'enchâssaient du mieux qu'ils
pouvaient, hôtels, palais, flèches des églises, couvents.
Au quartier Saint-Denis n'arrivaient point les souffles
du large et dans la vieille maison où plusieurs centai-
nes de sœurs serraient leur existence, la jeune
Comtoise ne pouvait guère plus se donner de l'espace
qu'un écureuil en cage. On s'y fait; mais les débuts
se paient. Par surcroît, l'hygiène en ces temps-là
était science bien ignorée, même l'A B C de cette
science. Tous les jeudis, jours de grand repassage,
les fers marchaient dru, matin et soir, sur le linge hu-
mide, amidonné. Les réchauds brasillaient. Odeurs

des toiles, buées de vapeurs, émanations du charbon
enveloppaient d'une atmosphère suffocante, délé-
tère, les actives repasseuses dans ces étroits locaux
aux fenêtres closes. Ou bien, si l'on ouvrait, c'étaient,
avec l'air glacé du dehors, les coups de froid qui s'en-
gouffraient.

La règle était rude aussi, faite pour des santés
robustes, et c'est pour cette raison que saint Vincent
de Paul désirait tant de « bonnes villageoises ». Lever
à quatre heures en tout temps, coucher à neuf. Au
grand matin, prière en commun à la chapelle, méditation d'une demi-heure, messe suivie aux jours de
communion de l'action de grâces : tous ces exercices accomplis à genoux sur les dalles, et sans appui, à jeun, de même que les exercices de l'après-
midi.

De tout cela, sœur Antide souffrait fort, mais sans
se plaindre de rien jamais ; ses malaises, ses refroi-
dissements, ses maux de tête et d'estomac, elle les
cachait au contraire de son mieux. Elle craignait
trop que sa santé jusque-là résistante ne fût un obstacle à sa vocation. Toutefois elle s'étiolait, maigris-
sait, et il fallut bien qu'elle dénonçât le mal.

Mais qu'elle fut rude, cette visite de la souffrance !
La maladie qui s'était déclarée et déjà envahissait
le front, une de ces dermatoses squameuses, vésicu-
leuses, à pustules, si fréquentes alors et tenaces, d'une
durée parfois indéfinie, si elle ne mettait pas nécessai-
rement la vie en danger, n'en constituait pas moins
un obstacle insurmontable à la continuation du novi-

ciat tant à cause des soins minutieux dont il fallait l'entourer que par la contagion dont il s'agissait de préserver la communauté. De là l'angoisse croissante de sœur Antide.

Soignée avec le plus affectueux dévouement, elle ne recula devant aucun remède. Elle absorba les potions les plus répugnantes. Elle se soumit sans mot dire à toutes les prescriptions médicales d'une science ignorante et barbare qui traitait encore cette affection de nature parasitaire par des moyens empiriques, des recettes vétustes renouvelées à tout le moins d'Ambroise Paré ou des mires du moyen âge : sublimé, arsenic, mercure, cantharides, pommade de Gondret, vésicatoires, cautérisation ignée. Rien d'efficace. Il fallut songer à l'épilation avec des pincettes. L'infirmière, désolée de voir échouer tous ses efforts et s'apitoyant de plus en plus sur le sort de la malade, ne lui cachait point qu'elle désespérait de la guérir et qu'il faudrait recourir au traitement de la calotte. Ce seul mot faisait frémir. La calotte n'était autre qu'un emplâtre agglutinatif de poix étendue sur une forte toile qu'on appliquait sur la tête, les cheveux coupés ras. On laissait sécher pendant trois ou quatre jours, puis brusquement, violemment on arrachait l'emplâtre et, avec lui, à travers la peau, les bulbes des cheveux. Procédé horriblement douloureux, « traitement barbare, dira bientôt le grand praticien Alibert, acte odieux qui rappelle le supplice des anciens martyrs de la foi ». Mais alors il était d'usage courant, et d'ailleurs complètement inefficace, car les cheveux cassaient et il fallait renouveler indéfiniment le martyre.

Pour guérir, sœur Antide eût accepté avec la plus entière reconnaissance tous les genres de supplices. Mais l'inefficacité de tous ces remèdes la plongeait dans une consternation profonde : la crainte de perdre sa vocation allait jusqu'à la faire crier pendant la nuit.

Son unique recours était en Dieu. Pendant le dîner des sœurs, elle se rendait en secret à la chapelle et du fond de son âme disait à Dieu : « Je vous prie d'avoir pitié de moi. Vous voyez mes peines. Je suis contente de souffrir ; mais je crains de perdre la vocation que vous m'avez donnée et à laquelle j'ai eu tant de peine de parvenir. Je vous prie de me guérir : je l'espère de votre toute-puissante et infinie bonté. » Puis, s'adressant avec toute la simplicité de son cœur au bon saint Vincent de Paul, à qui elle avait confié sa vocation, elle lui disait : « Grand saint, soyez mon père. Je veux être une de vos filles ; je vous prie de m'obtenir ma guérison. C'est vous qui êtes le premier supérieur de cette communauté : priez Dieu de ne pas permettre aux supérieurs, vos successeurs, de me renvoyer. Obtenez-moi la grâce de vivre et de mourir saintement dans cette sainte vocation qu'il m'a donnée. C'est vous qui êtes mon premier supérieur et mon modèle : je désire suivre vos vertus. »

Le bon saint fut touché. L'intérêt qu'inspirait à toutes les religieuses l'état de cette novice si édifiante, si parfaite, amena auprès d'elle une sœur de la pharmacie, vénérée dans la maison pour sa grande charité.

Elle examina la malade, la soigna elle-même et en peu de jours, au vif étonnement de toutes, la guérit. La supérieure générale voulut elle-même se rendre compte, avec la maîtresse des novices, de cette surprenante guérison. Elle en fut ravie et, libre enfin de ses craintes maternelles, quitta sa chère enfant avec, pour adieu, son mot familier : « Va bien, ma fille », un mot qui, dans le cas actuel, tant pour le passé que pour l'avenir, recélait bien des choses.

Sœur Jeanne-Antide se remit bien vite aux exercices du noviciat. Forte de sa reconnaissance envers Dieu et son saint protecteur, elle s'y appliqua de toute son âme avec une ferveur redoublée, plus que jamais résolue à devenir une sainte.

Les gens du monde, peu enclins généralement à réfléchir et dont le sens réflexe ne dépasse guère d'ailleurs, quand il les atteint, les limites de l'état embryonnaire, souriront. Ils demanderont quelle sainteté peut bien extraire une jeune fille claustrée dans le silence et tenue comme une serve, des exercices de son noviciat. « Vie d'oisiveté, pensait et disait en ce même quart de siècle un philosophe applaudi de tous les athées et déistes de ce temps, vie d'abrutissement, où l'esprit se dilue en des vétilles, où les jours se passent à marmotter des oraisons, à laver la vaisselle, à balayer les planchers, à essuyer les murs, à raccommoder le vieux linge, à suivre à la lettre un règlement minutieux dont la monotonie n'a d'égale que la puérilité sotte et dont le but est de rétrécir

les cerveaux avant qu'on ne les couvre d'un voile. »
Quel homme du monde, quelle femme du monde ne
raisonne de la sorte, l'un plus, l'autre moins, à la
Jean-Jacques ou à la Diderot ?

Pauvres gens, étrangers à toute idée juste de religion et même de dévouement comme à tout souci du
vrai. Ils ne se doutent pas des sacrifices que la vie
religieuse demande pour se dépenser sans merci au
bien de tous, des vertus qu'elle requiert pour tenir
bon à la tâche, de la flamme de charité qui doit
brûler, toujours ardente, rayonnante, et si pure !
Quiconque appartient à l'humanité est capable, à son
heure, d'un acte de dévouement. Mais dans la vie
religieuse le dévouement n'est pas un acte isolé : il
est en permanence, il est de toutes les heures, il est la
vie même. On en meurt, parfois. Mais ce n'est rien
d'en mourir : l'héroïsme est plus grand encore à en
vivre jusqu'au bout, sans fléchir à la tâche, sans se
reprendre, au service de toutes les misères, toujours
à tous, jamais à soi, et donnant tout de soi, quoi qu'il
en coûte, en dépit de toutes les fatigues, de tous les
dégoûts, de toutes les avanies souvent, et néanmoins
la joie au fond du cœur, la vraie joie, et sur les lèvres
ce bon sourire de la charité céleste qui pardonne et ne
cessera point de donner.

A cette vie de totale abnégation, scellée par un vœu
solennel jusqu'à la tombe, peut-on se consacrer à la
légère, sans savoir, sans être sûre ? Il faut donc apprendre à la connaître. Et il faut aussi se bien connaître soi-même et s'entraîner, mesurer ses forces et les

amener au point voulu, car, en disconviendrait-on ?
il est besoin d'un héroïsme solidement chevillé pour
tenir à cette vie-là.

L'école où se poursuit méthodiquement l'étude de
la vie religieuse en général et de la vie propre à l'Institut dont on fait partie, où l'on s'exerce en même
temps à la pratique de toutes les grandes vertus,
forces vives de l'action, c'est le noviciat, véritable école
professionnelle de l'abnégation et du dévouement.
Par les conférences, les lectures spirituelles, les entretiens privés, la novice reçoit d'abord un enseignement
qui répond à toutes les exigences de sa vocation : elle
s'instruit de ses devoirs, des principes de l'ascétisme;
elle s'entoure de toutes les lumières qui éclaireront sa
route et lui éviteront les faux pas ; elle recueille les
pensées choisies, ou frappantes ou profondes qui
inspireront son âme et l'élèveront toujours plus haut,
vers Dieu. Par les divers exercices de la journée,
surtout par la méditation, l'observation de soi-même,
la fidélité à la règle, la générosité à se vaincre, la pratique de la vie commune avec son cortège de petits
sacrifices et aussi de charmantes vertus, elle applique
les principes qu'on lui enseigne, elle apprend à devenir
chaque jour meilleure, elle dompte énergiquement, elle
mate sa volonté en vue des luttes de l'avenir ; elle
donne insensiblement à son caractère cette trempe
supérieure que rien ne brise. Par là il acquiert cette
souveraine maîtrise de soi qui est la grande puissance
de la vie et qui défiera, au jour dit, les assauts les
plus violents des plus formidables tempêtes.

Tels sont les saints, et le noviciat n'est pas **autre** chose que l'école de la sainteté. Ainsi faut-il le concevoir : ainsi le concevait sœur Jeanne-Antide qui **en** est sortie avec un cœur assez large pour embrasser tous les miséreux dans la plus tendre charité du Christ, mais avec une âme assez intrépide, un caractère assez vigoureusement trempé pour tenir tête victorieusement aux plus farouches révolutionnaires.

C'est assez dire que le noviciat ne consiste pas **à** manier le torchon ou le balai, l'aiguille ou le **fer à** repasser, à arracher les mauvaises herbes du **jardin**, à arroser les choux, les laitues. Mais ces mêmes **choses** n'en ont pas moins leur importance pour qui **sait** les voir dans le jour qui est le leur, c'est-à-dire au **point** de vue de la formation religieuse : car si de tels **détails**, ceux-là ou d'autres, rentrent, en vertu de la sagesse des fondateurs d'ordre, dans le cadre de la **formation**, c'est qu'ils ont dans ce cadre une valeur qu'ils ne possèdent en rien par eux-mêmes. Ils apprennent d'**abord** à se plier à tout, à se faire à toutes les **besognes**, car une servante des pauvres aura tout à faire dans **la** demeure des pauvres. Mieux encore, ils apprennent à bien faire tout ce que l'on fait, à ne pas négliger les petites choses, mais à les tenir en estime, car **des** petites choses sont faites les grandes choses, et **rien** d'ailleurs n'est petit au service du maître du monde : tout est grand qui est fait avec un grand cœur. **Ils** apprennent enfin à se plaire également à tous **les** emplois, même et de préférence aux emplois les **moins** en vue, les plus bas, et par là même à s'établir fer-

mement dans l'humilité chrétienne qui est une rare
vertu, une magnanime vertu sous des dehors sans éclat
et sans laquelle toutes les autres ne sont rien, pure
parade.

On comprendrait mal quel point de perfection est
demandé aux novices dès leur première formation
et l'on n'aurait pas non plus de la sainteté de sœur
Jeanne-Antide une idée suffisamment exacte si l'on
n'entrait de plus près dans le détail de sa vie pour se
représenter, agissante et vivante, l'éminente vertu
de cette admirable jeune fille jusque dans le menu des
plus petites choses, non seulement le soin religieux
avec lequel elle s'acquittait de ses moindres offices
sans qu'il y eût jamais rien à désirer, à critiquer, mais
surtout, car nous touchons ici à une rare puissance
de vie intérieure, à une vraie merveille de recueillement et de contrôle de soi-même, cette souveraine
maîtrise de soi et ce don singulier, réservé par Dieu
aux plus saints, de concentrer toutes les lumières du
dedans sur les mouvements les plus imperceptibles de
l'âme pour les dominer tous, les ordonner à Dieu, et
premièrement pour prévenir ou réprimer aussitôt
tout ce qui serait trouble, agitation. Aussi, pour
Jeanne-Antide, jamais le moindre émoi dans les
profondeurs ; et sur la surface unie de ce beau lac
limpide, à peine, légère, une ride parfois.

Quoi de plus sensible, de plus insupportable à
l'amour-propre que les observations ? Un rien le
pique, le fait bondir, irrité, furieux. Il faut pourtant

le vaincre. Aussi fut-il toujours recommandé aux supérieurs, depuis saint Nil et saint Pacôme, de ne pas ménager leurs inférieurs, de les reprendre à l'occasion en toute charité et même pour des fautes qui ne les rendraient pas coupables : exercice de vertu extrêmement salutaire et diagnostic excellent de la force de résistance de chacun.

Mais vainement chez sœur Antide eût-on cherché l'indice d'un manquement quelconque à la règle ; autant eût valu s'évertuer à prendre en défaut la perfection elle-même. Dans la congrégation du P. Receveur, il en sera de même. Force était donc de se rabattre sur des apparences qui n'engageaient pas le fond, et quelle apparences !

En confectionnant son trousseau, avant son départ de Sancey, Jeanne-Antide avait fait les choses pour le mieux, suivant les convenances, suivant son goût. Toujours très proprette, d'irréprochable tenue, elle portait donc au noviciat une robe de bonne façon, toute simple, mais de belle qualité et solide, telle que les aimaient les jeunes filles sérieuses de Franche-Comté. La robe comtoise détonait-elle un peu dans ce milieu rustique et très pauvre ? Donnait-elle lieu de soupçonner un brin d'inconsciente coquetterie chez la novice ? Une des maîtresses fit semblant de le croire, et sœur Antide reçut une observation sur sa robe. « C'est un beau drap de mort », dit la maîtresse ironiquement. Sœur Antide sentit bien la leçon : on lui reprochait de mettre du luxe dans son linceul, car l'usage, dans les communautés, veut que les religieuses soient ensevelies dans leur habit. Elle n'en fut pas blessée pourtant, sa sérénité ne s'altéra en rien : sans dire mot, elle fit son profit spirituel de la remarque et la maîtresse s'édifia grandement d'une humilité si douce.

Une autre fois, ce fut en sens contraire que porta l'observation, et plus vigoureuse : un abattage. Bien que jeune novice, et par un témoignage de confiance bien particulier, les courses dans Paris étaient fréquemment confiées à sœur Jeanne-Antide qui s'en acquittait parfaitement, habile à se débrouiller en tout et partout. Ce n'était pas toujours facile. Un matin, pressée de rentrer à temps pour la grand'-messe à laquelle toute la communauté devait assister en l'église Saint-Laurent, elle se hâtait à travers l'encombrement des rues par un de ces jours de pluie qui faisaient des rues de Paris autant de lacs de boue ou de ruisseaux sordides, un cloaque. Pas de trottoirs en aucune voie; un fossé peu profond au milieu de la rue servait à l'écoulement des eaux, tandis que, du haut du pittoresque enchevêtrement des toits, cinquante mille gargouilles aux fantastiques silhouettes faisaient fonction de déverser l'ondée sur le dos des passants, de nourrir et d'enfler le ruisseau. Bien adroit qui de là se tirait indemne de tout dommage !

Les Parisiens y excellaient. Il était réjouissant de voir les petit maîtres en perruque à marteau, en habit galonné, bas blancs venus de Londres, marcher sur la fine pointe de leurs pieds avec mille précautions,

sauter lestement d'un pavé à un autre en choisissant
bien les places et, dans une éclaircie, prestement
s'esquiver sans une moucheture à leur habit ni à leurs
bas, ni à leurs souliers à boucles d'argent, à travers
le grouillement des piétons éclaboussés et des voitures
éclaboussantes. Les belles dames à falbalas avaient
d'autres ressources. Sur tous les points, des décrot-
teurs, des gagne-petit, des Savoyards étaient là pour
offrir, qui une passerelle, qui un pont à roulettes, qui
une hotte où se blottissait la belle dame, à moins
qu'elle ne s'agrippât sur les larges épaules d'un
crocheteur qui la passait pour un sou.

Mais Jeanne-Antide n'avait pas le moindre de ces
moyens de fortune à sa disposition, ni la hotte de la
grande dame, ni le petit sou pour le pont roulant,
ni les épaules des porteurs, ni l'élégante, l'élastique
prestesse des petits maîtres sauteurs. Elle n'y préten-
dait pas non plus. Elle en avait vu bien d'autres parmi les communaux de son cher Sancey et sur la
route de Randevillers ! De son bon pas comtois, assuré, mesuré, au rythme de la montagne, elle allait,
se faufilant doucement au travers de la cohue, se ga-
rant ici du sabot des lourds percherons, là des car-
rosses dorés aux chevaux fringants et piaffants. Du
plus vite qu'elle pouvait, elle se hâtait, enjambant
mares noirâtres, flaques et ruisseaux, pressant le pas
pour être à l'heure, en fidèle observatrice du devoir,
et sans plus se soucier que de raison des étoiles
de boue parisienne qui commençaient à éclipser le
brillant de ses chaussures moins rigoureusement pré-

servées, certes, que les bas de soie des marquis. Il fallait arriver.

A l'heure sonnante elle était là, juste au moment où les quatre-vingt-seize ou quatre-vingt-dix-huit novices s'alignaient en bel ordre dans la cour, sur deux files, pour se rendre à Saint-Laurent. Sans prendre le temps d'un coup de brosse — et où l'aurait-elle pris ? — en deux secondes Jeanne-Antide fut à son poste, toutes commissions faites, et bien à l'heure : un vrai tour de force qui n'eût mérité que des éloges.

Mais il était dit que rien n'échappait à l'œil subtil de la seconde maîtresse des novices qui passait alors, et non pas pour la forme, l'inspection de tenue avant le départ pour l'église. Et voilà que dans ce bel ordre, brisant l'alignement impeccable des chaussures luisantes, miroitantes, resplendissantes, les deux souliers minables de Jeanne-Antide, dans leur gaine de boue, s'étalaient. « Eh ! ma fille, qu'est-ce là ? » Le fin regard de la maîtresse responsable du bon ordre intérieur et de la saine réputation du couvent venait de tomber éperdu, sur cet affligeant spectacle. Dans toute l'histoire de l'Institut pareille incartade s'était-elle jamais rencontrée ? Sœur Antide eut son compte. La voix douce de la maîtresse, qui s'efforçait à paraître sévère, qui l'était bien un peu peut-être, trouva tout de suite ce qu'il convenait de dire en la plus verte des réprimandes. Pour l'exemple et l'édification de toutes, cette exécution était, parait-il, nécessaire.

La pauvre Jeanne-Antide, point de mire de tous les regards, émue de voir sa maîtresse s'émouvoir elle-même à ce point et craignant véritablement d'être un objet de scandale pour la communauté, se crut obligée de remettre les choses en état, d'expliquer d'un mot ce phénomène, cause de tant d'émoi, qui ne supposait ni mauvais vouloir, ni négligence de sa part, et tout simplement, tout bonnement, comme le demandait saint Vincent de Paul : « Vous voyez, dit-elle, que j'arrive et que j'ai marché dans la boue, je ne pouvais faire autrement. » L'intention était droite et le fait exact. Il est incontestable qu'elle n'avait pu faire autrement, la bonne sœur Antide : elle avait bien essayé pourtant. Mais à peine l'explication donnée, elle comprit qu'il eût mieux valu, comme la règle le demande, accepter l'observation telle qu'elle se présentait, sans mot dire. Elle s'humilia et se rendit auprès de la première maîtresse des novices pour s'accuser et reconnaître son tort : elle ne recueillit que douces paroles et encouragements.

Petites choses, dira-t-on. Oui, pour ceux qui sont myopes et qui n'y regardent pas de près. De quoi sont donc faites les grandes vies si ce n'est de menus détails? Comment se gagnent les batailles si ce n'est à tout observer, à tout voir, à tout prévoir, à tenir compte de tout, même et surtout peut-être, de ces impondérables qui si souvent décident du sort des armées et des destinées des peuples ? C'est précisément la tâche du génie de les reconnaître et de les peser, ces impondérables, de les discerner et de les mesurer à leur valeur, ces riens qui sont toujours quelque chose à qui sait voir plus loin que l'apparence.

Et la sainteté fait dans son domaine ce que le génie fait dans le sien. Pendant des années, le savant penché sur son microscope cherchera, dans les obscures régions de l'être, l'invisible corpuscule ou l'atome révélateur des lois du monde. Le saint se penchera sur son âme : aux rayons réfractés de son microscope, il verra ce que les autres ne voient point, il portera la lumière jusqu'aux plus intimes replis, il saisira, il analysera les plus imperceptibles mouvements, et mettant à profit ses observations, ses découvertes bien autrement fécondes en résultats que celles du savant, il en fera jaillir des merveilles de sainteté. Il le sait et il le sait bien : rien n'est petit de ce qui vient de Dieu et peut être mis au service de Dieu. Lui, il recueille, il amasse, il ne perd rien, il tire parti de tout, et c'est ainsi, Dieu aidant, et la flamme au cœur, qu'il accomplit des prodiges. De quoi, demandera-t-il, sont construites les montagnes, sinon de grains de sable ? Et de quoi les océans, sinon de gouttes d'eau ? Et ce que nous appelons l'infiniment grand lui-même, de quoi est-il fait, sinon de l'infiniment petit ?

Tout est symbole autour de nous et les mêmes lois qui régissent le monde de la nature, régissent le monde surnaturel.

Aux yeux de la foi, et pour le simple chrétien dont toutes les tendances vont à Dieu, Dieu lui-même n'est-il pas présent dans le moindre acte d'amour qu'il transfigure jusqu'au divin ? Et l'éclair le plus rapide de la pensée qui monte vers Dieu ne porte-t-il pas en lui l'éternité ?

A ceux qui ne voient dans les exercices du cloître ou dans l'étude de la vie intérieure que minuties et vétilles, il suffira d'opposer ces quelques réflexions, qu'ils ne comprendront point. Mais Jeanne-Antide les comprenait bien, elle qui vivait d'une vie intérieure si intense. Elle n'allait pas chercher loin le secret de la perfection. Ni le génie ni la sainteté ne sont un secret; mais à la différence du génie qui se reçoit en naissant, la sainteté s'acquiert, elle est à la portée de tous, même des plus simples, surtout de ceux-là.

C'est dans ces pensées, toute ravie en Dieu et ne vivant que de lui, occupée à acquérir en profitant de tout, que Jeanne-Antide poursuivait dans la paix et la joie de son âme les exercices de sa formation religieuse dirigeant avec une infaillible sûreté de vue et une ardeur qui redoublait son ascension vers Dieu.

Elle n'oubliait point pour cela les siens. Comment aurait-elle pu les bannir de son cœur ? Leur place n'était que plus grande dans son affection et ses prières. Grâce à sa bonne marraine, les nouvelles du pays lui parvenaient assez régulièrement ; elle n'ignorait rien de ce qui se passait là-bas, ni l'esclandre de tante Oudette après le départ de Jeanne-Antide, ni le récent mariage de son père.

Tante Oudette, furibonde de voir sa nièce partie au couvent du consentement de son père, avait dé-

chargé sur Jean-François sa colère qui ne pardonnait
pas et qui ne lâchait point. Au matin du jour où
Jeanne Antide avait pris le chemin de Besançon pour
rejoindre le carrosse de Langres, après un secret si
bien gardé, la chère tante, inénarrablement surprise
de ne plus trouver la jeune fille dans la maison,
éclata et ce fut beau tapage. La situation devint
très vite intolérable pour Jean-François qui parla de
se remarier. Oudette alors, claquant les portes et
fulminant, plantant là son frère, s'en alla. Bon train
Nicolas suivit, et on ne les revit plus. Ils n'avaient
ni l'un ni l'autre aucunes ressources, aucun moyen
de subsistance. N'importe ; ils partirent avec une
inextinguible rancune, laissant leur frère dans la peine
et dans l'ennui, bravant eux-mêmes la misère, réduits
à travailler chez les autres en mercenaires, en attendant de manger un jour le pain de la charité. Mais
rien ne les fera revenir. La rancune tenace, la colère
toujours bouillonnante au fond, résisteront opiniâ-
trement aux humiliations et au dénûment, sans
doute aussi, plus tard, aux prières de Jeanne-Antide.
Nous les retrouvons à Sancey en pleine Révolution,
toujours journaliers, gagnant péniblement leur vie
dans ce dur labeur. Mais ils rongeront, sans céder
d'un cran, le frein de leur colère, et jamais ils ne
remettront les pieds au logis de Jean-François, et
quand leur nièce Jeanne-Antide reviendra au pays,
ils refuseront de la connaître et ne lui parleront plus,
en Thourets obstinés. Par contre, que ne peut une
volonté de fer aussi dure à plier, infrangible, quand

l'objectif sera, comme pour Jeanne-Antide, au lieu
du mal, le bien ?

Jean-François Thouret se vit dès lors dans une
nécessité relative de se remarier. Sans doute, Jeanne-
Barbe, qui était alors dans ses seize ans, ne lui sembla
point de taille à prendre la direction de la maison,
comme avait fait Jeanne-Antide au même âge en des
circonstances autrement difficiles. Il prit son parti et
annonça lui-même à sa fille Antide son mariage, en ces
termes qui montrent l'homme et le chrétien : « Vous
savez que votre tante était toujours demeurée avec
moi ; elle m'a quitté parce que je vous donnai mon
consentement. Je vous l'ai donné par motif de
conscience, par crainte de Dieu, pour ne plus m'opposer à ses desseins sur vous. N'ayant plus personne
à qui confier ma maison, j'ai cru devoir me remarier.»

Du pays, Jeanne-Antide avait encore des nouvelles
par les autres religieuses de la Comté qui étaient alors
à la maison-mère. Les visites mêmes des Franc-
Comtois venus à Paris pour leurs affaires ou fixés à
Paris ne manquaient pas. La petite patrie restait toujours chère. La Comté ne formait qu'une grande
famille. On se connaissait au loin et l'on savait
toujours à temps ceux qui devaient faire le voyage
de Paris. On les chargeait de commissions, de paquets,
de lettres, et les nouvelles orales complétaient les
autres. C'est ainsi que Jeanne-Antide fit à la communauté la connaissance de Mme de Vannes qui lui
sera plus tard très utile à Besançon où elle tenait une
pharmacie. La sœur de Mme de Vannes était reli-

gieuse de Saint-Vincent, souvent malade. Jeanne-
Antide, qui passait déjà pour une remarquable
infirmière et que l'on appliquait, entre autres services, à celui des malades, avait gagné son affection
par ses bons offices à l'infirmerie. Quand Mme de Vannes venait à Paris pour ses affaires, elle ne manquait
pas de réunir toutes les Comtoises de la maison, et
c'étaient des instants heureux où l'on parlait à cœur
ouvert du pays.

A son tour, Jeanne-Antide écrivait, car elle avait
appris à écrire en quatre leçons. Que dut penser et
dire tante Oudette ? Ses lettres étaient assez nom-
breuses, au témoignage de sa marraine, favorisée plus
que personne. La bonne marraine ne les gardait pas
pour elle seule ; c'était une joie de les communiquer
à tous ceux qui conservaient le cher souvenir de sa
filleule, c'est-à-dire un peu à tout le monde, et chacun
d'admirer, entre maintes autres choses, les progrès
en écriture qui se manifestaient d'une lettre à l'autre.

Il y avait bientôt neuf mois que sœur Antide
édifiait grandement la communauté, surtout par son
humilité, sa charité, son obéissance et sa patience, les
quatre belles vertus que symbolisent, disait à ses
filles le bon saint Vincent, les quatre extrémités de
la croix et dont il recommandait la pratique assidue
comme des quatre vertus fondamentales de la Congrégation.

La santé de la novice s'était raffermie suffisamment, bien incomplètement tout de même, pour per-

mettre aux supérieures par une faveur manifeste, de l'agréger définitivement à l'Institut en l'admettant à la cérémonie de la prise d'habit. Un grand jour pour elle, le plus beau qu'elle eût rencontré jusqu'ici dans sa vie ! Tant de brûlants désirs consumaient son cœur depuis si longtemps ! Tant de luttes soutenues pour en arriver là ! Tant d'ardentes prières répandues devant Dieu ! Tant de craintes aussi et d'angoisses desséchantes devant la menace de voir sa vocation brisée sur l'écueil imprévu, juste à l'entrée du port ! Voici maintenant sœur Antide au comble de ses vœux et comme dans un air de résurrection, goûtant, minute ineffable, la joie, l'infini de la joie qui est en Dieu, pure, suave, angélique, vraiment divine, parcelle ici-bas d'éternité.

A genoux devant la supérieure générale avec les autres novices, elle reçoit successivement la cornette, le bandeau, la mentonnière, la robe, le tablier, le chapelet, le crucifix, qui feront d'elle au dehors, car elle l'est bien au dedans, une fille de saint Vincent de Paul. Humblement, avec dévotion, elle baise chacun de ces objets ; elle écoute, en recevant le Christ en croix, ce mot de sa supérieure qui sera toujours le sien : « Voilà votre modèle. Quand vous aurez des peines, mettez-les à ses pieds. » Des peines, elle en aura, et sans nombre, et qui seront terribles ; elle fera mieux que de les mettre aux pieds du Christ, elle les mettra dans son cœur divin avec le sien brûlant d'amour. Puis, sous son costume religieux, revêtue comme d'une parure de fiançailles de la robe grise et de la cornette blanche, sœur Jeanne-Antide se hâte de se rendre à la chapelle, chantant dans son âme l'*Alleluia*. Prosternée au pied du tabernacle, inondée d'une joie céleste, elle demande instamment à Jésus la grâce de faire toujours un bon usage de cet habit qu'elle a l'honneur de porter en son nom, « de ne jamais le profaner par aucune action indigne de sa vocation » et de n'avoir jamais un regard « pour les parures ni les pompes du monde ».

Il n'était guère à craindre. Non, ce n'était point cela qui l'attirait ; pompes et parures ne l'avaient jamais fascinée. Dieu seul ! Voilà la seule beauté, l'unique bien qui l'avait toujours ravie ; et désormais elle sera bien à lui, à lui seul, et à un titre cher entre tous. N'est-elle pas à cette heure Fille de la Charité, elle dont la charité n'a jamais cessé de brûler, parfum divin, dans son cœur ? N'est-elle pas Servante des pauvres, elle qui dès son enfance a connu la pauvreté et qui n'a cessé de la chérir comme on chérit une mère ? Fille de la Charité, Servante des pauvres, ce sont là de glorieux titres : en est-il de plus beaux puisque la charité, c'est Dieu, et que servir les pauvres, c'est encore servir Dieu, un Dieu puissant et magnifique qui répudie les esclaves et n'admet à son services que des reines ?

Ainsi s'achevaient doucement pour Jeanne-Antide, dans le plus radieux bonheur, les jours bénis qu'elle avait passés à la maison-mère. Maintenant son temps de postulat prenait fin. Elle aurait dû régulièrement passer six mois encore au noviciat pour achever sa formation, et sa joie eût été vive. Mais sans doute jugeait-on cette formation suffisamment achevée et le moment était venu pour elle de se consacrer aux œuvres de miséricorde dans les hôpitaux, les orphelinats, les écoles, où pendant cinq ans elle aurait à se préparer à ses premiers vœux et donnerait la mesure de ce que l'on aurait à attendre d'elle au service des pauvres et de Notre-Seigneur.

L'heure de l'action sonnait ainsi avant le temps. Maintenant, une autre vie s'ouvrait, aux horizons illimités.

LE DOIGT DE DIEU EST LA

Comment ne pas le voir, le doigt de Dieu, dans toute cette première phase de la vie de Jeanne-Antide, qui n'est qu'une préparation à la vie religieuse, comme la seconde phase elle-même sera une préparation à la grande œuvre de la fondation de son Institut, on peut dire à la maternité de sa vie religieuse ? De là l'unité de cette belle vie traversée plus tard de tant d'événements disparates et dont l'ensemble a pu paraître à des regards superficiels quelque peu décousu, incohérent avec lui-même.

Dieu a tout conduit suivant ses desseins de gloire. Il destine cette enfant des montagnes à être Servante des Pauvres, Fille de la Charité : il la fait naître dans une famille pauvre et lui inspire, avec la pratique, l'amour de la pauvreté. Auprès d'elle, une tante acariâtre commande en despote, au gré de son caprice : elle se façonne, docile, à l'obéissance. Toute jeune encore, il la met en face de la tentation : pure comme un ange, l'horreur du mal la conduit au vœu de chasteté. C'est bien le chemin du cloître.

Il l'oriente en même temps vers les choses du ciel. Le premier présent qu'elle reçoit dans ce but, le plus précieux, c'est sa mère, sa sainte mère, qui l'instruit des vérités divines, qui lui apprend à aimer son Père Céleste comme une mère peut apprendre à aimer, qui lui enseigne à prier de la vraie prière, celle qui fait respirer les âmes en Dieu. L'enfant prend ainsi le goût de la piété.

Petite bergère, elle s'élève au milieu de la belle nature, jusqu'aux secrets de la contemplation. Elle médite, toute simplette, et son esprit ne se lasse pas d'être attentif aux voix intérieures qui lui parlent. Elle se forme une âme contemplative.

Mais c'est à la vie active que Dieu l'appelle. Il la prépare. Sa mère n'est plus. A seize ans, elle porte la charge et les responsabilités d'une maison lourde à administrer. La loi du travail devient sa loi. Elle s'initie aux secrets de toutes les fonctions qu'elle aura plus tard à exercer ou qu'elle dirigera chez les autres. Elle appprend à commander.

Fille de saint Vincent de Paul, elle servira les pauvres ? Les pauvres, les voici : ils viennent de partout. Elle donne comme il faut savoir donner, car son cœur est tendre et elle comprend la misère.

Elle soignera les malades ? Les malades sont là : elle les réconforte et les soulage avec quelle ingénieuse et touchante charité ! Enfant, elle a souffert ; elle a vu souffrir sa mère physiquement, moralement, et elle l'a soignée, consolée avec son plus filial dévouement. La souffrance la connaît et elle connaît la souffrance. Il n'y a que ceux qui ont souffert, et souffert dans leur cœur, qui sauront consoler les autres.

Elle aura les enfants à instruire ? Son apostolat

lui-même commence aux catéchismes qu'elle fait si bien comme elle faisait si bien prier les petits bergers et les petites bergères.

Elle aura aussi de grandes jeune filles à former pour la vie ? Les jeunes filles viennent d'elles-mêmes, à Sancey, se mettre sous sa direction et elle a de quoi leur mettre au cœur la flamme sainte.

Longtemps sa vocation reste incertaine, hésitante sur le choix de la vie à embrasser dans le cloître. Elle l'étudie, la mûrit, s'entoure des conseils les plus judicieux, acquérant par là ce discernement des esprits qui lui permettra, l'heure venue, de diriger pour la gloire de Dieu, avec une si profonde marque, les vocations et les âmes.

Viennent enfin les épreuves, contradictions, persécutions, la lutte âpre et violente. Obstinée, elle tient ferme dans le bien ; vaillante, mais non pas guerrière, elle surmontera tous les obstacles. Silencieusement, sans se départir en rien de sa douce charité, intrépidement quand même, elle résiste. Comtoise, elle ne se rend pas. Nous la voyons ici, sans fléchir en quoi que ce soit, déployer cette invincible force d'âme, cette énergie et cette constance de caractère qui se possède admirablement toujours et dont rien au monde n'aura raison jamais, tant qu'elle aura devant elle et pour elle son droit et Dieu.

Et ce n'est là encore que le premier acte du drame qui va se jouer pendant la Révolution, drame qui se renouvellera, plus tragique encore, en de sombres jours qui auraient dû être si lumineux et si purs. Elle

est rude, l'école de l'adversité, mais elle est féconde
pour les âmes héroïques, pour quiconque sait apprendre. Jeanne-Antide aura besoin plus tard d'un courage surhumain pour affronter les tourmentes. Dieu
la prépare, Dieu la forme : tous les courages et toutes les vaillances, elle les aura.

Quelle âme mieux trempée pour la vie religieuse et
mieux préparée que celle-là ? Il semblerait qu'elle
n'eût plus rien à recevoir, plus rien à apprendre. Et
pourtant cette exemplaire perfection, si elle est une
ébauche de toute sa vie, n'est encore qu'une ébauche. Dieu, dans son œuvre, n'aura pas de retouches
à faire ; mais il complétera l'ensemble, il achèvera
les traits, il donnera le relief.

Jusqu'ici la Bienheureuse s'est formée en quelque
sorte toute seule, et c'est là un des aspects étonnants
de sa vie. Pas plus pour apprendre la science de Dieu
que pour apprendre à écrire, elle n'a eu de maître
auprès d'elle, si ce n'est un peu son curé, qui prenait
plutôt des leçons. De la vie religieuse, elle ignore
tout. Cette fois, elle aura des maîtres et maîtresses
et, dans son cœur, Dieu l'instruira de ce que ses
maîtres et maîtresses n'auront pas su lui dire.

Le postulat et le noviciat qui seront pour elle ce
que fut pour le Maître la retraite dans le désert avant
l'heure de l'action, l'initieront à la science comme à
la pratique de la vie religieuse en général et de la
vie particulière de sa congrégation.

Ils lui révéleront d'abord les avantages précieux

de la règle, ils lui en feront sentir profondément le besoin. Et comme elle possède à un souverain degré le sens de l'ordre, les moindres points seront observés suivant leur esprit ; elle en aura la claire lumière ; elle gardera jusqu'à son dernier souffle l'amour de la règle qui est l'harmonie de la vie extérieure du cloître et qui donne à toutes les actions de la journée le cachet même de la perfection.

Ils lui apprendront ensuite le vrai secret de la vie intérieure. Il est vrai qu'elle a vécu jusqu'ici d'une vie intérieure admirable en une enfant et une jeune fille de la campagne, mais spontanément, si l'on peut dire, sans savoir. Toutefois il y a une science de la vie intérieure qu'elle ignore, dont les maîtres de la vie spirituelle ont formulé les principes et qui lui sera enseignée, véritable discipline du dedans comme la règle est la discipline du dehors. Car rien n'est livré au hasard dans les œuvres de Dieu, rien, moins encore dans les œuvres de vie que dans les autres : un dessein supérieur et caché régit supérieurement la destinée d'une âme avec plus de perfection encore que les lois du monde matériel ne régissent le destin et l'ordre de l'univers.

Qui la connaît, cette science, est maître à son tour. Il pourra s'avancer résolument dans les voies spirituelles sans craindre les faux pas, ni le temps perdu, ni la fatigue gagnée aux errements du chemin ; il aura toujours la lumière, toujours la paix, toujours des forces renouvelées pour les plus intrépides ascensions. La spiritualité de Mère Thouret, si on prenait

la peine d'en étudier les éléments, serait une révélation pleine de surprises, et son idée de la perfection
et sa méthode de perfection auraient de quoi faire des
saintes et des saints, à leur tour. On pourrait alors
prendre une juste perspective des sommets où atteignit sa sainteté, mesurer, à notre humaine mesure,
à quel sublime degré d'union avec Dieu et de vie en
Dieu, d'ascétisme et de haute mystique, cette âme
splendide, en apparence toute à ses œuvres de la
terre, a été conduite pour sa gloire à elle et pour
notre édification à nous par l'esprit divin.

Mais de même que les saints ont leur caractéris-
tique dans le ciel, les ordres religieux ont leur carac-
téristique dans l'Église, la marque authentique de
la sainteté divine en eux.

Toutes les vertus, surtout l'humilité qui fit toujours
l'admiration de ses compagnes, l'obéissance, la patience, la confiance en Dieu, Jeanne-Antide apprit
à les mieux pratiquer au noviciat. Mais la charité au
service du prochain, qui fut la vertu de prédilection
de saint Vincent de Paul et qui a fait sa gloire dans
l'Église, qui restera la vertu distinctive de ses filles,
Servantes des pauvres malades et Filles de la Charité,
ne tardera point à embraser l'âme déjà ardente de la
jeune novice.

Longtemps le Carmel l'avait attiré passionnément.
Toute à Dieu, brûlante d'amour pour Dieu, elle eût
voulu dans la paix du cloître n'avoir de pensée que
pour Dieu seul, d'amour que pour lui ; elle eût voulu

se consumer dans la prière en exhalant l'ardeur de
son amour, comme se consume le cierge du sanctuaire,
comme s'exhale l'encens au milieu des cantiques
devant l'ostensoir exposé : il eût été si doux pour elle
d'être toute à Dieu dans une adoration sans fin, l'adoration des anges dans le ciel.

Dieu la mène par d'autres chemin sur la terre,
et quelle terre ! et quels chemins parfois ! Il lui faudra
vivre avec les repris de justice et les forçats, bien
loin de vivre avec les anges ; elle devra servir les pauvres malades dans leurs taudis ou dans les salles des
hôpitaux, habiller et nourrir les mendiants, instruire
des enfants sordides, soulager toutes les noires misères. Ah ! ce n'est pas précisément la vie du ciel ! Au
lieu de s'unir au chœur des bienheureux, elle n'aura
autour d'elle qu'un cercle de malheureux, infirmes,
perclus, crasseux, puants, saignants, purulents, en des
corps rien moins que glorieux.

Et pourtant c'est parmi ces malheureux, ces infirmes,
ces perclus, ces crasseux, ces puants, ces sanguino-
lents, ces purulents, qu'elle recueillera son auréole de
gloire et qu'elle pourra s'associer éternellement aux
joies des bienheureux, parmi les élus privilégiés
du Seigneur. Son ciel, elle le porte dans son cœur :
c'est d'être avec ces malades, avec ces pauvres, avec
ces impotents, au centre de toutes ses misères ;
c'est de soigner, de soulager, de consoler et de guérir
les âmes comme les corps. Mission sublime qui dépasse
les forces humaines et même l'admiration des hommes
trop courte pour atteindre à de telles hauteurs.

Où en avait-elle appris ou approfondi le secret ?
Au noviciat. Dans ces pauvres, ces malades, ces
infirmes, elle avait vu, avec le grand saint Vincent
de Paul, Jésus-Christ lui-même pauvre, malade,
infirme, venu pour sauver ces malheureux et vivant
de leur vie, leur apportant la vie avec toutes les
pitiés de son cœur compatissant, toutes les tendresses
de son âme ineffablement bonne, cœur et âme d'un
Dieu souffrant, mourant sur une croix pour nous.

Et l'âme et le cœur de Jeanne-Antide furent pris
à jamais de la même pitié, de la même tendresse,
du même élan d'amour pour ces infortunés. Toutes
les humaines barrières, sa charité les brisera et ne se
contiendra plus. Elle ne sera pas une servante pour
ses pauvres : elle sera une mère, tout en servant Jésus-
Christ en eux. Une mère n'a-t-elle pas tous les courages ? Ne trouve-t-elle pas en son cœur la flamme
héroïque de tous les dévouements ?

Telle est Jeanne-Antide à vingt-deux ans dans tout
le rayonnement de sa jeunesse et nous voyons esquissés
déjà tous les traits qui composeront, après les travaux et les luttes de sa vie, sa physionomie dans l'histoire. Son portrait, — et c'est tout le dessein de ce
modeste livre, — nous l'avons maintenant sous
les yeux.

* *

Il ne reste, après le tribut d'admiration payé à la sainte, qu'à l'honorer comme il lui plaît surtout de l'être, en modelant notre âme sur la sienne.

Jeunes filles, est-elle si loin de vous ? En elle, ne voyez-vous pas une des vôtres, et qui vous ressemble, et à qui vous pouvez ressembler toujours plus ? Si hautes, si distantes, si rayonnantes que soient ses vertus, si admirable que soit sa vie, regardez bien : que verrez-vous ? Une héroïne de théâtre ? Combien loin ! Une sainte fermée à tout ce qui est de la terre, à tout ce qui est de nous, figée dans sa gloire ou dans sa vertu ? Rien moins que cela encore : bien au contraire.

Regardez-la de plus près, cette enfant de vos montagnes, comme on la regardait dans son pays. Si peut-être l'éclat de son triomphe vous émerveille par trop là-haut, si vous n'osez porter vos yeux sur ces éblouissantes vertus qui rayonnent de son diadème céleste comme une gloire, regardez-la dans la lutte, tout près de nous : — à l'entrée du cloître, si les larges horizons vous attirent, si la grandeur du don de soi à Dieu vous séduit ; — dans sa famille, dans sa paroisse, si vous vous contentez d'horizons plus restreints ; — mais toujours dans son milieu, dans le cadre ordinaire de ses occupations, dans le genre de vie et d'habitudes qui fut le sien, mêlée à ses amies, aux braves gens du voisinage : ce spectacle sera pour vous un réconfort et une grande joie. Que voyez-vous en elle que vous ne puissiez voir autour de vous et en vous ?

Une simple fille de Sancey le Long, simple et bonne, toute simple, toute bonne, douce et modeste, sociable, avenante, aimée et recherchée de toutes, amie des pauvres, compatissante pour ceux qui souffrent, pieuse et édifiante entre toutes, âme généreuse qui n'a pas peur du devoir et s'en acquitte avec un irréprochable soin, âme réservée, discrète, qui ne cherche qu'à se faire oublier et à s'oublier soi-même, sans le moindre souci de vanité, de coquetterie ou d'orgueil, douée de ce solide mérite qui ne vaut que par lui seul et brillerait dans l'ombre même, mais qui ne perd rien, chez Jeanne-Antide, à se relever encore d'un rayon de grâce et de beauté.

En elle s'épanouissent ainsi les dons les plus enviés, la fleur de ces aimables et douces qualités qui font le charme de la jeune fille, que toutes devraient avoir, qu'elles ont à des degrés divers, en un choix plus ou moins assorti, mais dont Jeanne-Antide — et c'est là son mérite propre, sa note personnelle — eut plus que d'autres le secret, les ayant réunies toutes dans un rare ensemble pour les porter chacune à leur plus éminent degré, jusqu'à ce point suprême d'héroïsme, marque authentique de la parfaite sainteté, et nonobstant, semblable en tout cela aux autres jeunes filles ses sœurs, issue de la même race, vivant de la même vie, ne se distinguant d'elles que par la perfection même de ces vertus qui font, qui ont toujours fait la vraie jeune fille.

A Sancey, on la propose comme modèle : c'est donc que sa perfection n'apparaît pas comme perdue dans un monde transcendant ; elle s'offrait alors, elle s'offre encore à l'imitation de toutes.

Le champ vous semble-t-il trop vaste ? Retenez alors — et le champ sera encore assez vaste pour les riches moissons — retenez seulement ce qu'il vous offre de plus beau : le charme de sa piété, de sa pureté, de sa merveilleuse charité. Toute l'attirance de Jeanne-Antide vient de là, toute sa sainteté aussi. Animez-vous de son exemple : il est pour vous.

Si vos vertus ne furent jusqu'ici que l'ombre des siennes, ne serait-ce point que son âme s'éclaira mieux que la vôtre aux reflets des sommets éternels ? Inspirez-vous de sa douce piété : elle transfigurera votre existence banale, ingrate, en un rayonnement de vie surnaturelle et féconde.

Mais d'où vient que ces reflets d'en-haut parviennent eux-mêmes obscurément au fond de vos pensées quotidiennes ou s'éteignent sans les revêtir de leur divine lumière? Ne serait-ce pas que votre transparence intérieure est blessée ? Ne lui manquerait-il pas, à votre âme, quelque chose des infinies délicatesses, de l'immaculée blancheur dont l'âme de Jeanne-Antide rayonnait ? Ne serait-ce pas aussi, et plus encore, car la charité est la reine des vertus, que votre cœur ne connaît pas ce jaillissement de vie, ce déploiement de sève divine et de fécondité, ces magnificences de l'amour dont l'âme de Jeanne-Antide débordait, elle qui fut une âme d'amour ?

Allez à son cœur, à son cœur débordant : c'est là qu'il faut pénétrer pour les rencontrer, ces deux vertus, et pour en fleurir votre âme à son tour. Entrez dans ce jardin clos dont l'entrée n'est point scellée pour vous, où se mêle à l'éclat ardent des roses la fraîcheur parfumée des lys, où la charité s'embellit de pureté et la pureté de charité, jardin mystique où se reposait le Maître avec toutes ses dilections, lui l'Ami de toutes les heures, l'Époux divin.

C'est là que la Bienheureuse Jeanne-Antide Thouret, l'amie, le modèle des jeunes filles, leur guide dans les mauvais pas et les réalités de la vie, vous donne rendez-vous, à cette divine école de la pureté et de l'amour, où elle-même avait appris tant de secrets, et si hauts, et versé avec tant de tendresse son vase d'albâtre aux pieds de Jésus.

Quelle jeune fille au cœur aimant et pur ne la suivrait ?

TABLE DES MATIÈRES

Avant propos VII

Première enfance. I

Éducation. — La mère et la tante 7

La petite bergère 13

La maîtresse de maison 22

L'appel de Dieu 44

En famille. Dans la paroisse. — L'ascendant de

    la piété 52

La lutte engagée — Le départ 75

Chez les filles de la charité 100

Le doigt de Dieu 136